CARLOS ALBERTO
MARMELADA

BIOGRAFÍA JOVEN

CHARLES DARWIN

EVOLUCIÓN
Y VIDA

Editorial Bambú es un sello
de Editorial Casals, SA

Casp, 79 – 08013 Barcelona
editorialbambu.com

© Ilustración de cubierta: Carmen Segovia, 2026
Diseño de la colección: Enric Jardí y Eva Fàbregas
Fotografías: Aci, AGE-Fotostock, Aisa, Album, Firo-foto,
Topfoto (Cordon Press).
Ilustraciones: Farrés Il·lustració editorial

Primera edición: enero de 2009
Primera edición en Bambú: febrero de 2026
ISBN: 978-84-8343-905-0
Depósito legal: B-2715-2026
Printed in Spain
Impreso en Anzos, SL, Fuenlabrada (Madrid)

El papel utilizado para la impresión de este libro procede de bosques
gestionados de manera sostenible.

A mis padres. Con amor y cariño.

1

LA INFANCIA EN SHREWSBURY

Para los habitantes de Shrewsbury, aquel domingo amanecía como los días anteriores: con una niebla tan densa que apenas dejaba ver tres o cuatro pasos por delante. En el centro de la ciudad la sensación de frío aún era mayor que en los barrios de la periferia; puesto que del río Severn venía una intensa humedad.

Para la ciudad era un domingo como otro cualquiera. Sin embargo, para los Darwin aquel 12 de febrero de 1809 iba a ser un día muy señalado. La señora Susannah Wedgwood, esposa del doctor Robert Waring Darwin, estaba a punto de dar a luz a su quinto hijo.

—Deja de dar vueltas, Bob, y haz el favor de tranquilizarte —le decía Josiah Wedgwood II a su cuñado Robert.

—No puedo, Jos.

—¡Cálmate, hombre! Tú eres médico y ya sabes cómo funciona todo esto.

—Bueno, sí… Pero no es lo mismo. Por eso he salido del dormitorio. He visto decenas de partos, pero no es lo mismo cuando están en juego las vidas de tu esposa y de tu hijo.

Los dos hombres estaban el uno frente al otro. Eran altos, muy corpulentos. Josiah asió por el hombro a Robert y, balanceando suavemente su cabeza, le dijo con un tono de voz cálido:

—¡Ya verás como todo irá bien! Mi hermana y su…

No pudo acabar la frase. Desde la habitación del fondo del pasillo se empezaron a oír unos chillidos muy intensos y mucho más continuos que los que se habían escuchado hasta entonces.

—¡Robert! ¡Ven, deprisa! ¡Te lo vas a perder! —exclamó una de las hermanas de Susannah.

El señor Darwin se dirigió de inmediato al aposento. Allí estaba su esposa dando a luz a un niño, cuyos primeros llantos llenaron de gozo a todos los que estaban en la estancia. Acababa de nacer Charles Robert Darwin, la persona que un día cambiaría nuestras ideas sobre la historia de la vida.

Robert Waring estaba de pie junto a la cama. Inclinado hacia delante, tenía cogida la mano de su esposa.

—Es un niño precioso —le dijo con voz reconfortante—. Será un hombretón… como todos los Darwin —añadió.

Todavía cansada por el esfuerzo realizado, Susannah miró a su marido y asintió mientras iba dibujando una sonrisa.

La comadrona que había asistido al parto acunaba al niño entre sus manos. Después de limpiarlo un poco se lo acercó a su padre y, mirando a la criatura, le preguntó al señor Darwin:

—¿También será médico, como usted y como su abuelo?

—No lo sé —contestó el doctor—, pero me gustaría mucho que así fuera. Por lo que a mí se refiere, intentaré inculcarle la vocación. Luego… ¡Dios dirá!

—Y si el muchacho prefiere ser alfarero, te aseguro que tampoco le irá mal —puntualizó Josiah.

Hubo risas en la habitación y, antes de que se apagaran, Josiah señaló:

—Ya ves que los Wedgwood nos hemos defendido muy bien en este campo.

En efecto, el abuelo paterno de Charles era Erasmus Darwin, un prestigioso médico que llegó a rechazar la oferta del rey Jorge III de Inglaterra, quien le había solicitado sus servicios en calidad de médico personal. Robert Waring Darwin, nacido en 1766, era su tercer hijo. Uno de los grandes amigos de Erasmus era Josiah Wedgwood I, un exitoso ceramista de Maer (localidad cercana a Shrewsbury) y uno de los primeros en enriquecerse gracias a la Revolución Industrial. En 1796, un año después de la muerte del señor Wedgwood, Robert se casó con Susannah, la hija mayor del ceramista.

Después de la boda, el matrimonio Darwin-Wedgwood empezó a construir una casa en las afueras de Shrewsbury. Como estaba en lo alto de una loma, era conocida popularmente como The Mount. En 1800, la pareja se instaló en su nuevo hogar, donde irían naciendo sus hijos: Marianne, Caroline, Susan Elizabeth y Erasmus Alvey. Un año después de alumbrar a Charles, Susannah tuvo a su última hija, la pequeña Catherine.

Pasaron los años y llegó el momento de escolarizar al joven Darwin.

—Me gustaría que Bobby fuera a la escuela antes de que llegara el verano —le dijo decididamente la señora Darwin a su esposo.

—Me parece bien, Susannah. ¿Has pensado ya dónde podríamos llevarlo?

—Ya conoces mis creencias religiosas. Como miembro de la Comunidad Unitaria me parece que lo más adecuado para la formación de nuestro pequeño Bobby sería que fuera a la escuela del reverendo George Case.

—No tengo ninguna objeción a ello. Si te hace feliz y crees que el reverendo Case podrá educar rectamente a nuestro hijo en el conocimiento y la virtud, entonces que vaya a su escuela.

Era la primavera de 1817. El pequeño Charles tenía ocho años y había llegado el momento de que empezara sus estudios de primaria.

La vida de los Darwin transcurría de un modo idílico. Pero el 15 de julio de ese mismo año Robert Waring Darwin se vio sumido en la desesperación. Su mundo de ensueño le había sido arrebatado al perder a Susannah. Desgarrado por el dolor, prohibió que se hablara de ella. Fueron tiempos duros para la familia Darwin.

—Marianne, Caroline y Susan me cuidan muy bien, pero echo mucho de menos a mamá —le confesó Charles a su hermana pequeña, mientras estaban subidos en lo alto de su árbol favorito, un viejo castaño español que había crecido en el camino que conducía desde la entrada de la finca hasta la puerta de la casa y al que ambos subían con frecuencia para poder charlar.

—Yo sueño muchas veces con ella —le respondió Emily Catherine, conteniendo las lágrimas.

—No entiendo por qué papá no nos deja hablar de ella —comentó Charles.

Su hermana pequeña, a la que Darwin estaba muy apegado, no pudo evitar que las lágrimas corrieran por sus mejillas. Emocionado, Darwin decidió distraerla con algo.

—Fíjate en aquel nido, el que está en la copa de ese árbol. Venga, Katty… vamos a ver qué hay en él.

La afición de Darwin por la historia natural y su afán por el coleccionismo arranca en esta época. Daba igual si se trataba de plantas, insectos o minerales, o si lo que se tenía que coleccionar eran monedas o sellos. Lo importante era hacer colecciones. De todos modos, en esta época lo que más le gustaba coleccionar eran huevos; teniendo siempre la prudencia de no coger más de uno por nido.

Como todo niño, a Darwin le gustaba mucho fantasear e inventar historias. Una de sus favoritas era alardear de su habilidad para producir flores con pétalos de colores anormales, que conseguía a base de regarlas con líquidos a los que añadía sustancias químicas y que producían esa alteración. Sus amigos se quedaban fascinados, y despertaba en ellos una profunda admiración por sus habilidades.

Pese a esta capacidad de imaginar, Darwin era un niño muy ingenuo. Un día, un amigo suyo llamado Garnett, lo llevó a una pastelería y tomó unos pasteles sin pagar. Al salir, Darwin le preguntó:

—¿Cómo es que te has llevado los pasteles sin pagarlos?

A lo que Garnett contestó:

—¿Qué? ¿De verdad que no sabes que mi tío era un filántropo que dejó una gran suma de dinero para invertir en el bienestar de la ciudad a condición de que todo comerciante diera gratis lo que quisiera a quien llevara su viejo sombrero y lo moviera de una forma determinada? Mira, si lo mueves así te darán gratis todo lo que pidas. —Entonces el muchacho empezó a agitar el sombrero por encima de su cabeza con unos movimientos mecánicos y repetitivos.

Darwin lo contemplaba atónito.

—¿No me crees? —insistió Garnett—. Pues ven, acompáñame a aquella tienda.

Al entrar, el muchacho saludó al tendero y le pidió algo de poco valor mientras agitaba el sombrero tal como le había enseñado a Darwin. El tendero se lo dio y ambos salieron despidiéndose educadamente.

—¿Lo ves? —dijo Garnett.

—Es cierto —repuso Darwin.

—Si quieres, te puedo dejar mi sombrero para que vayas a aquella tienda de allí y te puedas llevar lo que más te guste sin necesidad de pagarlo; siempre y cuando muevas adecuadamente el sombrero sobre tu cabeza.

Darwin entró en la tienda y, tras saludar al comerciante, pidió unos pasteles moviendo el sombrero. Cuando el dependiente se los dio, se despidió y se marchó. El tendero salió furioso tras él al mismo tiempo que le dedicaba unos buenos improperios. El muchacho se asustó y echó a correr después de haber arrojado los pasteles al suelo. Entretanto, su amigo lo esperaba en una esquina riendo a carcajadas.

—¡No lo entiendo! ¿qué sucede? —le dijo Darwin—. ¿Por qué se ha enfurecido tanto? ¿Por qué me ha dicho todo eso?

—¿De veras aún no lo entiendes? ¡Pues es que no pago en algunas tiendas porque le fían a mi padre, no porque mueva un viejo sombrero...!

En 1818 Darwin tuvo que cambiar de escuela.

—Reverendo, usted conoce las circunstancias tan tristes y complicadas por las que estamos pasando mi familia y yo —le comentó el señor Darwin al reverendo Case.

—En efecto, doctor Darwin. Susannah era una buena esposa y una madre excelente. En la parroquia nos ayudaba mucho. ¡También nosotros la echamos en falta!

—De eso mismo quería hablarle. Ya sabe que mis hijas mayores se encargan de cuidar a Charles, pero ellas también han de llevar la casa adelante, por no mencionar la atención que han de dedicar a la pequeña Catherine.

—Cierto; las muchachas están asumiendo unas responsabilidades que les llegan antes de tiempo.

—Bien, lo que quería decirle es que he llegado a la conclusión de que lo mejor para todos es que Charles pase a una escuela en la que pueda permanecer interno. Esto aliviaría la carga que me he visto obligado a imponer a mis hijas.

—Entiendo que las circunstancias lo obliguen a llevarse a Charles de nuestra institución.

—Además, pienso que un internado también sería bueno para mi hijo, para ver si eso podría ayudarle a mejorar académicamente. Me preocupa mucho su futuro. Quisiera que fuera médico y, la verdad, en estos momentos no lo veo muy espabilado en lo que a las tareas de la escuela se refiere.

—En este sentido lamento tener que decirle que su hijo Charles tiene más dificultades para aprender que su propia hermana menor; de modo que quizá sea mejor lo que usted propone. Lo cierto es que el chico parece ser un poco más… lento que ella. Usted ya me entiende.

—Razón de más para tomar esta decisión.

—Por cierto, señor Darwin… ¿Sería mucha indiscreción preguntarle a qué escuela piensa mandar al muchacho?

—En absoluto. Bobby irá a la escuela del doctor Butler.

Se trataba de un internado muy próximo a la casa de los Darwin. El pequeño Charles permaneció allí siete años. Como estaba a poco más de un kilómetro y medio de The Mount, algunas veces aprovechaba el recreo del mediodía para ir a ver a sus hermanas. Si apuraba mucho el tiempo, luego tenía que volver a la carrera para que no se percataran de su ausencia al pasar revista.

En una de esas escapadas, su hermana Caroline le preguntó si le gustaba la escuela.

—¡La verdad es que no! —respondió Charles con una sinceridad rotunda.

—¿Qué es lo que hacéis allí?

—Perder el tiempo. Eso es lo que hacemos.

—Pero ¿qué dices, Bobby? ¡No seas exagerado! —repuso en tono medio escéptico medio recriminatorio su hermana Susan.

—¡Os lo digo en serio! Mirad, llevo tres años en esta escuela y no he aprendido casi nada, solo un poco de historia antigua (ya sabéis: griegos, romanos, cartagineses…), un poco de geografía y, sobre todo, he memorizado fragmentos de poemas de Horacio. Esto último le encanta al señor Butler, pero os aseguro que es algo totalmente inútil.

—¿Por qué? —inquirió Caroline.

—Pues porque al día siguiente ya no te acuerdas de casi nada.

Durante toda su vida, Darwin guardó un mal recuerdo de la escuela del doctor Butler. Siendo ya muy mayor, dijo de ella que no podía haber existido nada peor para el desarrollo de su inteligencia, ya que empleaban unos métodos educativos sencillamente inútiles.

Durante aquellos años le gustaba dar largos paseos en solitario. En uno de ellos, mientras iba totalmente absorto en sus pensamientos, se cayó dentro de una zanja que había al lado del camino. La soledad de estos paseos no significa que fuera un niño taciturno, sino que le gustaba tener sus ratos de intimidad.

Darwin continuaba sin destacar en los estudios, más bien era normal, si es que no estaba un poco por debajo de la media.

Pero a su favor jugaba el hecho de mostrar una gran motivación por todo aquello que le interesaba y una gran curiosidad por las materias complejas. Su afición por los viajes alrededor del mundo, algo que podría realizar años más tarde, cuando embarcó en el *Beagle*, se remonta a estas fechas.

En una ocasión, uno de sus amigos le enseñó un libro que le gustó mucho y que, de alguna manera, lo marcó para toda la vida.

—Charles, mira qué libro tengo. Se titula *Las maravillas del mundo.*

—¿Me lo dejas ver?

—¡Claro! Si quieres, te lo puedes quedar unos días. Ya me lo devolverás la próxima semana.

La lectura detenida de este libro, junto con la atenta observación de las ilustraciones y los grabados, le despertaron un ansia irrefrenable por viajar hasta países remotos. No sabía cuándo, pero tenía la certeza de que tarde o temprano viajaría mucho.

—¡Cuando sea mayor me dedicaré a viajar! Quiero ir a muchos de los lugares que he visto aquí —le dijo a su amigo mientras le devolvía el libro.

—Yo también lo haré, Charles. Si quieres, podemos viajar juntos.

—Las pirámides de Egipto, el templo de Artemisa, el Coliseo de Roma, el Partenón, hay tantas y tantas maravillas repartidas por todo el mundo… Te aseguro que visitaré muchas de ellas. Y, sobre todo, quiero ir a lugares exóticos.

Aún habrían de pasar unos cuantos años, pero Charles acabaría cumpliendo una buena parte de sus sueños.

Lo que sí pudo satisfacer de forma inmediata fue su pasión por la caza. Sentía por ella una auténtica devoción. Era una obsesión casi patológica. Le disparaba a todo lo que se movía, especialmente a las aves. Fueron sus hermanas las que le inculcaron un cierto sentimiento de compasión por ellas, lo que se tradujo en una moderación en la voracidad que sentía el joven Darwin por la caza.

—¿Por qué matas tantos pájaros, Bobby? ¿Qué haces con ellos? —lo interpeló Marianne.

—Pues no lo sé… Lo cierto es que me gusta disparar. Me emociona mucho darle a un ave en pleno vuelo —contestó su hermano.

—Si continúas cazando indiscriminadamente, dentro de muy poco no tendrás nada a qué disparar —sentenció Caroline en un tono un tanto enojado.

—Bueno, yo… —Pero no pudo seguir, porque Susan lo interrumpió.

—Es absurdo que mates tantos pájaros sin necesidad. Por lo menos deberías llevar la cuenta de las piezas que te cobras.

—¡Eso es! —prosiguió Catherine—. Si no pasas de ciertos límites, podrás disfrutar mucho tiempo de tu afición por la caza.

—Tenéis razón. Vuestros consejos son muy inteligentes. Los cazadores debemos ser comedidos para poder gozar muchos años de nuestra afición preferida.

En una ocasión su padre llegó a decirle unas palabras muy duras en relación con todo esto. Darwin estaba tumbado en el jardín de su casa viendo, con una profunda admiración, cómo tejía su tela una araña. Sin duda, su padre pensó que estaba holgazaneando y le dijo:

—¡Desde luego! No te gusta más que la caza, los perros y coger ratas. ¡Así únicamente vas a ser una desgracia para ti y para toda tu familia!

Darwin pensó para sus adentros: «Seguro que viene enfadado por algún otro motivo y lo está pagando conmigo».

Pese al dolor que le causaron estas palabras y el recuerdo amargo que siempre le dejaron y por estimarlas excesivas e injustas, Darwin veneraba la figura de su padre, por quien sentía un gran amor, y lo consideraba el hombre más cariñoso del mundo.

Al final de su etapa escolar en Shrewsbury tuvo sus primeras experiencias con la química. Su hermano Erasmus había montado un laboratorio en la caseta donde se guardaban las herramientas del jardín y Charles se había convertido en su ayudante. Ambos se quedaban haciendo experimentos hasta bien entrada la noche. Obtenían todo tipo de gases y muchos compuestos químicos distintos. Esta afición se filtró y en la escuela decidieron ponerle un mote: Gas. Así que no era raro oír a un grupo de alumnos decir:

—Mirad quién está ahí sentado junto al muro.

—¿Qué estás leyendo, Gas? —preguntó uno de ellos.

—El *Catecismo de la química*, de Henry y Parkes —contestó tímidamente Darwin.

El doctor Butler consideraba que esta afición del joven Darwin por la química era una inútil pérdida de tiempo.

—Póngase en pie, señor Charles Robert Darwin… ¿o acaso prefiere que lo llamemos… Gas? —dijo un día en tono jocoso.

Darwin se levantó un tanto atemorizado y esperó las siguientes palabras de su profesor, convencido de que no iban a ser muy amigables.

—He oído decir que pierde habitualmente el tiempo en materias inútiles… señor Gas. ¿Acaso cree usted que la ciencia es para caballeros nobles? Pues sepa que no es así.

Ante el silencio de Darwin, el profesor preguntó, un tanto nervioso:

—¿Es que no tiene nada que decir?

—No, señor —repuso Darwin.

—¡No sea insolente, muchacho! Mañana recitará doscientas líneas de Horacio.

Darwin intentó cumplir el castigo, pero le resultó imposible.

Lo cierto era que el señor Robert Waring veía que resultaba realmente infructuoso para su hijo continuar en aquella escuela.

—Charles, creo que no merece la pena que sigas en la escuela. En mi opinión, resultaría de mayor provecho que fueras ya a la Facultad de Medicina de la Universidad de Edimburgo y que empezaras tus estudios lo antes posible para llegar a ser un buen médico.

—Pero, padre… ¿no soy demasiado joven?

—La edad no importa, hijo. Lo que realmente cuenta es tu interés y dedicación. Si te aplicas, podrás seguir el ritmo normal de las clases. Además, irás acompañado de tu hermano; él ya es universitario y te podrá ayudar a adaptarte.

Fue así como, sin demasiada convicción pero con la docilidad de un buen hijo, Charles Darwin se dirigió a Edimburgo para intentar seguir los pasos de su padre y de su abuelo Erasmus.

2

UNA VOCACIÓN FRUSTRADA

Lo primero que hicieron los hermanos Darwin nada más llegar a Edimburgo fue conseguir alojamiento. Mientras buscaban residencia decidieron hospedarse en el Star Hotel, en Princes Street. Después de haber visto varios sitios, todos ellos poco convincentes, fueron a casa de la señora Mackay, en Lothian Street.

—¿Qué te parece, Bobby? ¿Te gusta? —le preguntó Erasmus.

—La verdad es que sí... Es muy bonita. Sin duda, es lo mejor que hemos visto.

—A mí también me gusta mucho. Las dos habitaciones son muy bonitas y tienen mucha luz.

—Ni punto de comparación con los cuartuchos de mala muerte que hemos estado viendo.

—Hasta ahora todo lo que hemos visto eran unos auténticos agujeros sin luz y sin aire.

—Tienes razón. Además, la sala de estar es muy agradable.

—La verdad es que una habitación luminosa en Edimburgo es todo un lujo y, tienes razón, la sala de estar es realmente acogedora. No le demos más vueltas, nos quedamos aquí.

—Bien, señora Mackay, como puede ver, tanto a mi hermano como a mí nos ha gustado mucho su casa. Ahora solo queda por ver cuál es el precio que nos pide por alojarnos en ella.

—Chicos... me habéis caído bien. Se os ve elegantes, formales y educados. Podría pedir mucho más por esta casa, y vosotros lo sabéis, pero solo os cobraré una libra y seis chelines. ¿Qué os parece?

No era un alquiler barato, aun así, resultaba menos caro y mucho mejor que todo lo que habían visto hasta ese momento, de modo que decidieron hospedarse en casa de la señora Mackay.

El miércoles 19 de octubre de 1825 asistieron a las primeras clases y el sábado 22 se matricularon en la Facultad de Medicina. Las semanas fueron pasando de forma rutinaria. El día de Reyes, Charles decidió escribir una carta a su hermana Caroline.

Querida Caroline:
Me ha divertido mucho tu carta. Ha sido un alivio entre tanta mediocridad. Me pides que te explique qué hacemos en clase y cómo son los profesores. Pues bien, te cuento:
Empiezo las clases a las ocho de la mañana. A esa hora el doctor Duncan me da Materia Médica. Lo más probable es que en el mundo entero no existan clases más aburridas que las suyas. Puede que te cueste creerme, pero te aseguro que para desgracia mía es bien cierto. Por suerte, a las diez tengo al doctor Hope. Tanto él como sus clases me gustan mucho. Hasta aquí, Erasmus y yo hacemos lo mismo. Luego él se va a cursar Anatomía con el señor Lizars, un profesor encantador; yo, en cambio, me voy al hospital. Cuando acabo mi trabajo allí empieza otra tortura: la clase de Anatomía con el señor Munro. Más tedio. Tres veces a la semana tengo lo que se denomina Clases Clínicas; en ellas vemos cómo hay

que tratar a los pacientes. Te confieso que me gustan mucho. Diles a Katty y a Susan que me escriban; y tú no dejes de hacerlo, no sabes lo agradable que resulta recibir vuestras cartas. Dale un abrazo muy fuerte a padre y dile que le escribiré pronto.
Te saluda cariñosamente

C. Darwin.

Siempre que podía, el doctor Darwin se hacía acompañar por sus hijos a la hora de visitar a los pacientes, con la finalidad de que esto les despertara la misma vocación que él sentía por la medicina. Pero las cosas no iban a ser tan sencillas como las había pensado el señor Darwin.

Cuando su hijo Charles llegó a Edimburgo se encontró con un sistema educativo que le resultaba tremendamente aburrido y desmotivador. Había poco que se salvara. La química era una excepción. En esta asignatura el profesor Hope organizaba unas prácticas que le gustaban mucho a Charles Darwin.

Algo que siempre lamentó fue que no lo hubieran obligado a hacer disecciones. Suponía que, de haberle enseñado alguien, quizás hubiera podido superar la repugnancia que le producían. ¡Cuánto echaría en falta dominar este arte durante su travesía alrededor del mundo en el *Beagle*!

Solo en dos ocasiones entró en la sala de operaciones del hospital de Edimburgo. Allí asistió a sendas intervenciones quirúrgicas muy graves. Una de ellas era de un niño. Por aquella época no se disponía de anestesia, ni siquiera de cloroformo. Así que había que intervenir en vivo. El joven Darwin sencillamente se descompuso ante el aterrador espectáculo. El sufrimiento de los pacientes le resultaba tan insoportable que salió corriendo del quirófano dando tumbos; tropezó con algunos de los objetos que había por los pasillos y su tos era una mezcla de arcadas de náusea y de reacción alérgica.

—Por Dios, Charles… Parece que hayas visto al mismísimo diablo —le dijo un amigo suyo mientras lo veía vomitar en el jardín del hospital—. ¿Qué te ha pasado?

Darwin apenas pudo responderle. Con mucho esfuerzo solo pudo articular unas palabras entrecortadas:

—¡Dios santo…! ¡Es algo horrible! —contestó, apoyando la palma de la mano contra la pared del jardín y encorvando ligeramente el cuerpo.

Su amigo se rio al mismo tiempo que lo interrogaba y le decía:

—Vamos, hombre. ¿Qué es lo que pensabas encontrar? ¿Eh?

Darwin no estaba para muchos diálogos, pese a lo cual le respondió:

—No sé. Pero no pienso volver a pisar un quirófano en mi vida.

Durante su estancia en Edimburgo conoció a Robert Edmond Grant, un doctor un poco mayor que él. Un día, mientras paseaban, Grant le hizo un comentario que años después Darwin recordaría siendo ya un científico afamado.

—¿Sabe una cosa, señor Darwin? Personalmente siento una profunda admiración por el caballero de Lamarck, un científico francés que se opone al fijismo de Cuvier.

Darwin lo miraba con curiosidad, pero no pronunciaba palabra alguna.

—Ya sabe usted —prosiguió Grant— que los fijistas afirman que Dios creó las especies tal como las vemos actualmente. En cambio; el caballero de Lamarck afirma que las especies que existen hoy han llegado a ser como son gracias a un proceso llamado evolución. Los seres vivientes habrían evolucionado a partir de otros que existieron con anterioridad y que ya se han extinguido.

—¿Y cómo dice que ha pasado eso? —preguntó Darwin sin sorprenderse, pues ya había oído algo sobre el tema.

—Verá usted —continuó el doctor—, el señor Lamarck opina que los caracteres adquiridos por un individuo a lo largo de la vida que resultan ventajosos para la supervivencia, como es, por ejemplo, un cuello más largo en las jirafas, pasan a ser heredados por los descendientes; de modo que, al cabo de mucho tiempo, la especie se transforma.

Grant estaba convencido de que sus comentarios causarían cierta fascinación en su interlocutor. Por eso se llevó una gran sorpresa cuando Darwin le dijo:

—La verdad es que he de confesarle una cosa... He leído el libro que escribió mi abuelo Erasmus y que se titula *Zoonomía*. En él sostiene algunas ideas parecidas a las que usted me comenta, pero lo cierto es que no me impresionan en absoluto.

De hecho, diez o quince años más tarde, Darwin volvería a leer ese mismo libro y reconocería que le había defraudado; porque contenía demasiadas especulaciones y pocos datos empíricamente contrastables que las sostuvieran.

—¡Bueno...! —dijo Grant con una especie de suspiro de resignación—, no importa que no esté usted muy interesado por la evolución; de todos modos, lo invito a venir con el doctor Coldstream y conmigo a buscar animales marinos en la lagunilla.

—¡Será un verdadero placer! —contestó Darwin, sonriente.

Pese a los muchos especímenes que logró recolectar allí, Darwin no pudo hacer gran cosa con ellos.

—¿Qué tal sus colecciones de zoología marina, señor Darwin?

—He recolectado muchos especímenes, señor Coldstream, pero he de confesar que no me han sido de mucha utilidad.

—¿Por qué?

—El microscopio que tengo no es demasiado bueno, y lo noto cuando tengo que hacer observaciones.

—El microscopio es un instrumento muy importante para un naturalista. Quienes nos dedicamos al estudio de los seres vivos, necesitamos uno que tenga muchos aumentos y que proporcione, una imagen lo más definida posible.

—¡Hum…! Pues el mío no tiene ni una cosa ni la otra.

—Mire, Darwin, si su interés por la botánica y la zoología va más allá de la simple curiosidad que pueda tener un aficionado, entonces no tendrá más remedio que hacerse con un instrumental de calidad.

—Tiene usted razón.

—¿Algún inconveniente más, señor Darwin?

—Sí, he de admitir que sí.

—Usted dirá.

—No sé hacer disecciones.

—Pues eso sí que es grave. Le aconsejo que aprenda lo antes posible si es que quiere hacer algo de provecho en el campo de la ciencia.

Darwin le tomó la palabra y durante dos meses contrató a un antiguo criado del doctor Duncan para que le enseñara a hacer disecciones. Le cobraba una guinea por una hora al día.

Este flirteo con la zoología marina le permitió impartir en 1827 su primera disertación científica. Tan solo tenía dieciocho años recién cumplidos. No es que Darwin fuera un genio en ese momento, sino que su amigo Grant se encargaba de organizar unas conferencias periódicas, de modo que un día le pidió a él que fuera el conferenciante:

—Señor Darwin, tengo que proponerle algo que puede ser de su interés —le comentó el señor Grant—. ¿Le agradaría impartir una conferencia en la Plinian Society?

—Para mí sería un gran honor. ¿De qué tendría que hablar?

—Pues... de algún tema de Historia Natural que usted domine. En cuanto al nivel de su exposición, piense que su público estará formado por estudiantes de nuestra universidad que todavía no están licenciados.

—Creo que podría exponer los trabajos que he realizado recientemente sobre dos especies de invertebrados marinos.

—Parece interesante. ¿Qué especies son?

—*Flustra* y *Pontobdella muricata*.

—¿De dónde ha obtenido los especímenes?

—Los he recolectado durante las excursiones realizadas con el profesor Coldstream.

—Bien. Adelante. ¡Seguro que lo hará muy bien!

—¿Cree usted que les interesará?

—¡Claro que sí, Darwin! ¡Tenga más confianza en sí mismo!

Fue así como el 27 de marzo, Charles Darwin se encontró en los sótanos de la Plinian Society dando su primera conferencia científica.

Durante los dos años de estancia en Edimburgo, destinó de forma íntegra las vacaciones de verano a la diversión, y los otoños a la caza. La verdad es que Darwin no quería, en absoluto, ser médico, pero no sabía cómo decírselo a su padre.

—Charles, hemos de hablar de una cosa.

—¿Tienes algún problema, Erasmus?

—No, no es eso —repuso su hermano mayor.

—¿Entonces?

—Verás, he decidido no continuar en Edimburgo el próximo curso.

—¿Y eso?

—Quiero acabar mi carrera en la Facultad de Medicina de Londres. Lo siento, pero tendré que dejarte.

—¡Caramba! Comenzaste en Cambridge, luego aquí y ahora en Londres… Espero que allí te puedas licenciar y que todo vaya muy bien.

—Gracias, Charles. Te deseo lo mismo.

Para Darwin, esto fue un golpe duro e inesperado. Él no tenía vocación de médico y la presencia de Erasmus Alvey aliviaba mucho el desasosiego que le producía estar haciendo algo que no le gustaba y para lo que se sentía incapaz. Ahora, sin él, no tenía mucho sentido continuar en la capital de Escocia. El problema era cómo decírselo a su padre. Al fin y al cabo, Erasmus se marchaba, pero seguía con sus estudios de Medicina; él, en cambio, debía afrontar el duro trago de tener que decirle a su padre que no podía seguir con aquello.

Por fortuna para Charles, sus hermanas decidieron ayudarlo. Desde hacía tiempo les venía confiando sus inquietudes, de modo que fueron ellas las que dieron el paso e informaron a su padre, aprovechando una tertulia después de cenar.

—Papá, hay que ser realista. Charles nunca será un buen médico —dijo Caroline.

—¿Por qué dices eso? —preguntó el señor Waring.

—No soporta el dolor de los pacientes y le resulta totalmente insufrible su padecimiento durante una operación. Simplemente no puede entrar en un quirófano —apuntaló Marianne.

—Así es imposible ser médico —añadió Katty.

—A no ser que se limite a hacer visitas a casas y diga: «¡Caramba! Tiene usted mala cara, creo que debería acudir a un hospital» —intervino Susan en un tono jocoso, mientras ponía una voz grave y afectada al imitar a su hermano. Las chicas no pudieron evitar un estallido de carcajadas al imaginarse la escena. Su alegría natural quitaba gravedad al asunto, lo que contribuyó a que el doctor Darwin afrontara los hechos con realismo.

—He de reconocer que tenéis razón. Pero comprendedme: este chico solo piensa en cazar y en divertirse, y si no quiere ser médico, algo tendremos que hacer con él, ¿no?

—¿Qué tal abogado? —sugirió Caroline.

—No sé. No lo veo muy claro. Para ser abogado hay que cursar unos estudios que requieren mucha memorización y no me parece que vuestro hermano destaque en ese aspecto.

Tras quedarse pensativo durante unos segundos, el señor Darwin sentenció:

—En mi opinión lo mejor es que sea un párroco rural, un pastor anglicano. Es una profesión de prestigio social y para esto sí que lo veo capaz. ¿Qué opináis?

Las hermanas se miraron entre sí con aire interrogativo, hasta que la menor dijo:

—Si a él le parece bien, ¿por qué no?

Fue así como Darwin acabó sus días en Edimburgo y, tras meditar la propuesta de su padre, decidió trasladarse a Cambridge para estudiar Teología.

3

LA ESTANCIA EN CAMBRIDGE

Por increíble que pueda parecer hoy, en aquel momento a Darwin no le disgustaba en absoluto la idea de ser religioso. Pensaba que siendo un cura rural podría ayudar a otras personas.

Los Darwin eran una familia piadosa, de modo que no tenía nada de extraño que Charles hablara mucho de religión con su hermana Caroline.

—¿Cuál es la parte de la Biblia que más te gusta? —le preguntó ella en una ocasión.

—Sin duda alguna, los cuatro Evangelios —le respondió Charles.

Como había olvidado muchas de las cosas aprendidas en la escuela acerca de los clásicos, no pudo incorporarse a las clases en Cambridge a principio de curso, sino que tuvo que recibir lecciones particulares durante el trimestre otoñal. De modo que empezó en la universidad ya pasada la Navidad. Corría enero de 1828 cuando ingresó en el Christ's College. Fue allí donde conoció a su primo segundo, William Darwin Fox, quien lo introdujo en el terreno de la entomología.

—Me alegra muchísimo poder hablar de insectos contigo —dijo Charles a su primo.

—Para mí es una sorpresa tu pasión por la naturaleza —contestó Fox—. No sabía que te gustaban tanto la botánica y la zoología.

—Pues ya ves que sí.

—¿Y estos dibujos tan bonitos? ¿Los has hecho tú?

—¿Yo? ¡Ojalá pudiera dibujar la mitad de bien! Son de mi hermana Caroline.

—Vaya... Te confieso que son una de las mejores representaciones de *Pyrochroa* que he visto.

—Ese que ves dibujado ahí lo encontré bajo las traviesas de la vía del tren.

—Felicita a mi prima y dile de mi parte que es una gran dibujante.

—Descuida, Fox. Se lo diré. Le alegrará saber que un entomólogo consagrado valora sus grabados.

Pero la entomología no era lo único que agradaba entonces al joven Darwin. Los clásicos, la geometría de Euclides y la lectura de algunos libros del teólogo William Paley le producían gran deleite.

En el segundo año de permanencia en Cambridge los alumnos no licenciados tenían que hacer un examen de suficiencia al que llamaban *Go*. El jueves 25 de marzo de 1830 Darwin escribía a su primo una carta en la que, con gran alegría, le comunicaba que había aprobado.

«Después de saber la nota, todo parece que haya sido muy sencillo, pero te aseguro que antes de empezar el examen tenía los nervios destrozados. Me avergonzaba mi holgazanería y, ante la posibilidad de suspender, me arrepentía por haber perdido tanto el tiempo. Incluso te veía reprochando mi injustificada dejadez. Pero ¡¡¡he aprobado!!! Podría llenar la hoja entera con esta deliciosa palabra.»

Como deseaba complacer a su padre, se aplicó mucho para los exámenes finales y, dentro de lo que cabe, sacó buena nota. Aunque lo cierto es que no se interesó demasiado por las clases de Teología propiamente dichas.

La realidad es que en Cambridge tampoco aprovechó el tiempo tanto como podría haberlo hecho. Su padre no podía ocultar su preocupación en este sentido.

—Este chico me va a matar a disgustos —le dijo a Susan.

—No se agobie, padre. Ya verá como aprobará el curso —le respondió su hija.

—Tu hermano a lo que realmente se entrega en cuerpo y alma es a cazar y a cabalgar, pero los estudios…

—Confíe un poco en él.

—¿Que confíe en él? ¡Vamos, Susan! ¡No me hagas reír! Cuando no está cazando o montando a caballo, está de juerga con esos amigos suyos. Unos jóvenes más entregados a la diversión que al estudio.

—Usted lo ha dicho padre, es joven y ha de divertirse un poco.

—No hace falta que lo protejas tanto; ya no tiene diez años. Verás, han llegado a mis oídos ciertas historias de que en ocasiones beben inmoderadamente. ¿Y las partidas de cartas? ¿Eh? ¿Qué me dices de eso? ¡Todo menos estudiar en firme!

—La verdad es que eso es algo más preocupante.

—Y el colmo de los colmos es lo de ese «club» que han creado.

—¿A qué se refiere? —preguntó Susan con cierto temor.

—Pues al Club de los Glotones.

—¿Y eso qué es?

—Para decirlo en pocas palabras, un grupo de tunantes que solo piensan en beber y en llenar sus estómagos con toda clase de comidas.

Pese a los temores razonables de su padre, Darwin también recibió influencias positivas de estos amigos. De Whitley, por ejemplo, la afición a la pintura; de John Maurice Herbert, el deleite por la música. En una ocasión Herbert dijo de Darwin que era el más amable, simpático, generoso y afectuoso de los amigos, y que sus simpatías estaban con todo lo que era bueno y verdadero, y aborrecía sinceramente aquello que fuera falso, vil, cruel, bajo o deshonesto. Entre las cualidades de Darwin cabría destacar la bondad, la justicia y la amabilidad.

La afición que cultivó Darwin con mayor pasión durante esa época fue la de coleccionar escarabajos. Hay una anécdota muy divertida al respecto. Un día que estaba cogiendo escarabajos vivos tenía uno en cada mano cuando vio un tercero; para poder cogerlo decidió meterse en la boca el que tenía en la mano derecha. Cuando se dirigía a coger el nuevo ejemplar empezó a notar un sabor tremendamente amargo, así que tuvo que escupir de inmediato el escarabajo y lavarse con agua. Por lo tanto, acabó perdiendo el que tenía en la boca y el que había visto, pero así fue como descubrió que los escarabajos eran capaces de secretar una sustancia ácida muy desagradable al gusto.

La excepción al aburrimiento y la desidia académica la marcaban las clases de Botánica del profesor John Stevens Henslow; y más aún los paseos con él, ya fuera a pie, en carruaje o en bote, durante los cuales disertaban sobre las plantas y los animales más exóticos que pudieran observar.

Darwin entabló una profunda amistad con Henslow. Sentía una gran admiración por él y lo consideraba un auténtico sabio. Especialista en mineralogía y botánica, era un hombre de profundas convicciones religiosas y de una moral intachable.

—He de admitir, señor Darwin, que es usted un joven naturalista muy prometedor.

—Le agradezco sus palabras, pero son un honor que no merezco.

—No sea modesto, Darwin. He decidido invitarlo a las tertulias que organizo todos los viernes por la noche. Así que, a partir de ahora, cuento con usted para cenar y para participar en ellas.

La alegría dejó a Darwin casi sin palabras.

—Es un honor inmerecido, pero estaré allí sin falta. Se lo aseguro.

Participar en aquellas tertulias no hizo más que aumentar su gusto por las ciencias naturales; algo que se vio reforzado por la lectura de los libros *Relato íntimo* de Alexander von Humboldt e *Introducción al estudio de la filosofía natural* de John Herschel. Darwin sentía auténtica pasión por Humboldt y Herschel, hasta el punto de llegar a confesar que cuando tenía entre sus manos los libros de estos personajes se sentía dispuesto a hacer todo lo que fuera necesario para poder destacar en el mundo de la ciencia. Entre los muchos relatos narrados por Humboldt había uno que lo emocionaba especialmente: el que describía la isla de Tenerife y su emblemático volcán, el Teide. De la mano del alemán, Tenerife se le presentaba a Darwin como el auténtico paraíso. No es de extrañar, por lo tanto, que declarara que, en cuanto pudiera, viajaría hasta aquella isla.

Cuanto más leía esos dos libros, mayor era el deseo que sentía por aportar también algo a la ciencia; aunque tan solo se tratara de una mínima contribución. Entre las recomendaciones que le dio Henslow para alcanzar este objetivo estaba profundizar en sus conocimientos de geología.

—¿Quiere un consejo, Darwin? —le preguntó Henslow de forma un tanto retórica.

—Por supuesto, profesor.

—Pues bien, ahí va. Si usted quiere hacer algo interesante en el mundo de la ciencia natural, deberá ser un experto en geología.

—¿Geología? ¡La detesto, señor Henslow! —contestó Darwin abrumado, mientras ponía cara de horror.

Henslow no pudo reprimir una buena carcajada, al tiempo que le decía:

—Pues sin ella no tendrá mucho que hacer. Créame.

—Si usted lo dice, tendré que ponerme seriamente a ello. Pero se lo digo con toda sinceridad: el profesor Jameson consiguió que la aborreciera.

—Bueno, pues entonces le presentaré a alguien que lo ayudara a recuperar el gusto por ella.

—¿Quién?

—El profesor Sedgwick. Ya verá como disfrutará mucho con lo que le pueda enseñar.

El verano de 1830 Charles Robert Darwin lo dedicó a coleccionar escarabajos, algo que a él le gustaba llamar «el servicio de la ciencia». El otoño fue para la caza. Aun así, cuando llegaron los exámenes finales se aplicó en el estudio y logró aprobar. El 22 de enero de 1831 realizó el examen de licenciatura en Filosofía y Letras y obtuvo la décima mejor nota entre los 168 candidatos que se presentaron a aprobar sin honores.

Teóricamente ya estaba cualificado para ejercer como clérigo, pero como se había incorporado después de las navidades de 1828, tuvo que permanecer en Cambridge hasta mayo de 1831 para completar el trienio. Por lo tanto, no pudo recoger la titulación oficial, *Bachelor of Arts*, hasta el 29 de abril de 1831. Dadas las circunstancias, decidió hacer caso a Henslow y se aplicó en la geología.

—He de darle una buena noticia, señor Henslow. Hace unos días compré un clinómetro que me costó veinticinco chelines. Está hecho de madera, pero la tapa es de chapa de latón.

—¿Y qué tal?

—Para ver si funciona he estado cambiando los muebles de mi habitación, poniéndolos en todos los sitios posibles, y luego los he medido.

—¿Y?

—¡Fabuloso! Es sumamente preciso.

—Bien. Ya verá que le será de gran utilidad.

—Eso espero.

—Seguro que tanto el clinómetro como el martillo le van a ayudar mucho en su próxima expedición con el profesor Sedgwick a las formaciones geológicas del curso alto del río Severn, en Gales.

El primer semestre de 1831 lo dedicó a profundizar en este campo de la ciencia. En julio se marchó con el geólogo Adam Sedgwick, profesor woodwardiano de Geología en Cambridge, a una excursión geológica a pie por el norte de Gales. Como Darwin era aún inexperto, Sedgwick lo enviaba a una zona paralela a la suya para que le trajera muestras y también para que marcara la estratificación del terreno en un mapa y de esta forma se fuera fogueando. También se dedicó a practicar la orientación valiéndose de una brújula y un mapa.

A su regreso a Shrewsbury, Darwin se llevaría una gran sorpresa. Había una carta que lo estaba aguardando y que contenía una propuesta admirable e insospechada. Una carta que le cambiaría la vida y que transformaría el campo de las ciencias de la vida radicalmente.

4

UNA CARTA TRASCENDENTAL

El 29 de agosto Darwin regresó a Shrewsbury de sus excursiones geológicas por Gales. Después de darle la bienvenida le entregaron una carta que había llegado tres días antes. El remitente era su apreciado amigo Henslow.

Cuando estaba rompiendo el lacre para leer su contenido no podía imaginarse lo que iba a tener ante sus ojos. A pesar de ser extensa, la leyó de pie, junto a la ventana que había en su habitación. Lo hizo muy lentamente y cuando acabó de leer se dejó caer, estupefacto, en su sillón. Suspiró profundamente, reclinó la cabeza sobre la parte superior del sillón y dejó la mirada perdida en un punto indeterminado del techo.

Su mente estaba tan absorta en los pensamientos que le suscitaba aquella carta que no oyó entrar a su padre en la habitación. De hecho, el doctor Darwin había llamado varias veces a la puerta, pero Charles no lo había escuchado, tal era su grado de abstracción. Robert Waring había subido por otro motivo, pero al ver a su hijo tan ensimismado, no pudo evitar preguntarle:

—¿Todo bien, Charles?

—Sí, padre —respondió Darwin.

—¿Alguna noticia… interesante?

—Míralo tú mismo. —Y le tendió la carta.

Robert Waring Darwin la cogió y la empezó a leer para sí mismo, pero en voz alta:

Apreciado amigo:

Espero que tanto usted como su familia se encuentren bien. El motivo por el que me dirijo a usted es poner en su conocimiento algo que creo que puede serle de sumo interés y provecho.

El profesor George Peacock (que como usted sabe es el actual titular de la cátedra Lowndean de Astronomía en Cambridge) me ha informado de que la Armada Real ha dispuesto la partida de un navío que viajará a través del Atlántico hasta el Pacífico bordeando Tierra del Fuego. Es posible que dé la vuelta al mundo y regrese a Gran Bretaña a través de los mares del Sur y el océano Índico. El buque irá equipado con toda una serie de instrumentos para realizar varias empresas científicas, así como para explorar el territorio que circunda los puntos de desembarco.

No hay duda alguna de que se trata de una oportunidad excepcional para la ciencia que no podemos dejar pasar. Sería una pena grandísima y un error lamentable no aprovechar la ocasión para embarcar a un naturalista que, además, realizaría la función de acompañante del capitán Robert FitzRoy.

El capitán es un joven pero experimentado oficial.

Tiene apenas cuatro años más que usted, pero ya lleva nueve enrolado en la Armada y ha realizado otras travesías que permiten confiarle el mando de esta misión. Con tan solo catorce años se graduó con distinción en la Escuela Naval de Portsmouth, a los diecinueve ya era oficial de la Armada y recientemente, tras la trágica y lamentable pérdida del comandante Pringle Stokes, se le ha entregado el mando del Beagle. *El almirantazgo tiene plena confianza en sus dotes como marino profesional. Como usted recordará, fue FitzRoy quien trajo a los primeros aborígenes de Tierra del Fuego a Gran Bretaña, concretamente tres hombres y una mujer.*

No cobraría estipendio alguno, más bien le costaría dinero; pero de todas formas creo que la experiencia que adquiriría compensaría de sobras los gastos. Yo mismo he estado a punto de aceptar, pero mi edad y mi esposa me lo impiden. En caso de aceptar usted el puesto, el buque en el que embarcaría sería el H.M.S Beagle, *un bergantín de casi 240 toneladas armado con seis cañones.*

Son varias las misiones que le han sido asignadas a esta expedición. Principalmente se trata de completar la tarea realizada por este mismo buque en una expedición anterior, llevada a cabo entre 1826 y 1830 en compañía del barco hidrográfico Adventure. *Al mando de aquella misión estaba el comandante Phillip Parker King; los dos buques se dedicaron a medir la profundidad de las aguas en las costas meridionales de Sudamérica. Ahora se trataría de continuar con aquellos relevamientos hidrográficos, completar la cartografía de aquellas costas y cronometrar la longitud de la Tierra, para lo cual se dispone de 24 cronómetros a bordo, de modo que es muy importante que el buque haga un buen número de escalas a lo largo de su ruta. Este hecho facilitará que usted pueda recolectar un gran número de plantas, minerales, fósiles y animales de todo tipo y de muy diferentes lugares. Además, deberá hacer estudios geológicos de los terrenos adyacentes a los puntos de desembarco. Asimismo, tendrá la oportunidad de hacer excursiones de varias semanas adentrándose en el continente. Comprenderá fácilmente que el privilegiado que realice un trabajo de esta índole adquirirá una experiencia en distintas áreas de la ciencia que lo pueden convertir en un científico famoso. Como mínimo hará acopio de tal cantidad de material que le garantizará la publicación de varios trabajos científicos a su regreso.*

Sé que pensará que su inexperiencia puede ser una desventaja a la hora de aceptar este trabajo, pero tenga presente que su gran capacidad de observación, recolección y clasificación lo convierten en un naturalista muy apto para esta tarea. No sea modesto y esté plenamente convencido de que usted es la persona que están buscando: un buen científico y todo un gentleman, *algo que el capitán FitzRoy valora altamente.*

Esperando que tenga a bien considerar mi proposición y que su respuesta sea positiva, reciba mis saludos más cordiales y hágaselos extensivos a su familia.

J. S. Henslow

—¿Y tú… qué piensas hacer? —le preguntó el señor Darwin.

—Es una oportunidad única, padre.

—Ya… comprendo. Pero… ¿te has dado cuenta de que un viaje así supondría un grave desprestigio para tu carrera como clérigo?

—No necesariamente. De todos modos, siento un gran deseo de aportar algo a la ciencia natural y en este sentido el viaje me facilitaría mucho las cosas.

—También has de tener en cuenta que si te han ofrecido esa plaza a ti seguro que es porque antes la han rechazado otros que en teoría están más capacitados que tú.

—Probablemente.

—Pues bien, hijo, si eso es así, la razón por la cual habrán dicho que no es bien evidente, ¿verdad?

—Sí.

—Mira, Bob, si otros han declinado lo que tú consideras una oportunidad única en la vida de un científico será porque debe de haber mucho peligro, tanto que el riesgo no compensa los beneficios.

—Es posible que tenga razón, padre. No puedo ocultarle que se me encoge el estómago y siento un cierto vértigo cuando pienso en ello. Pero tal vez esté ante una oportunidad única que me permita hacer algo importante en el mundo de la ciencia. Por ejemplo, piense que jamás ha zarpado de Inglaterra un buque que fuera equipado con un juego de cronómetros tan numeroso; además, seguro que todos son de excelente calidad.

—Sí, sí, lo admito; pero… hablemos claro, muchacho. ¿Sabes cómo llaman los marineros a esa clase de bergantines a la que pertenece tu buque? —Ahí lo había cogido con la guardia baja y Darwin acertó al temerse lo peor.

—No, padre —dijo en voz muy baja y vacilante.

—Los llaman ataúdes —sentenció con voz grave—. Y te aseguro que no exagero ni un ápice —puntualizó.

Charles Darwin se quedó de una pieza. Esperaba cualquier cosa menos algo tan macabro y tan poco halagüeño.

—Y ya te puedes imaginar por qué. En efecto —prosiguió, respondiendo a su pregunta retórica—, por la sencilla razón de que son extremadamente propensos a zozobrar cuando el tiempo resulta adverso.

Ante una afirmación así de contundente, Darwin no tenía mucho que objetar. De modo que volvió a decirle a su padre que, riesgos aparte, posiblemente nunca más en la vida tendría una ocasión de esa magnitud para hacer algo destacable en la ciencia y que después de un viaje así perfeccionaría mucho sus conocimientos de botánica, zoología y geología, de tal manera que el material recopilado le garantizaría años de investigación y, a buen seguro, un gran número de publicaciones científicas.

—Lo sé, hijo, lo sé —repuso su padre, cada vez con menor firmeza en el tono—. Pero en la vida no hay que pensar solamente en uno mismo. Tu carrera como clérigo también es algo muy importante; te permitirá ayudar a mucha gente; podrás dar consuelo material y espiritual a muchas personas.

—Estoy de acuerdo con usted. Pero, por lo que respecta a mi futura carrera como clérigo rural, ¿tanto puede perjudicarme un viaje como este?

—No se trata únicamente de eso; incluso pensando solo en ti, lo cierto es que este viaje no te conviene. Personalmente no estoy a favor de que vayas. Además, careces de todo tipo de experiencia y tampoco dispones de tiempo para preparar un viaje de esta envergadura.

Darwin se quedó muy pensativo. Lo último que había dicho su padre era una verdad bien grande.

Se dijo a sí mismo: «El tiempo del que dispongo para ultimar todos mis preparativos hasta zarpar es de apenas dos meses. El margen es realmente tan escaso que esto sí que constituye una seria objeción. Para emprender un viaje así no solo hay que preparar el cuerpo, sino también la mente».

Viendo a su hijo nuevamente absorto en sus pensamientos, Robert Waring se giró y salió de la habitación. Darwin, tras reflexionar un instante, a disgusto y con desgana, cogió una cuartilla de papel, mojó la pluma en el tintero y escribió a su mentor:

Apreciado señor Henslow:

No puedo menos que expresarle mi más sincero y profundo agradecimiento por sus palabras y por su recomendación. Pero, desgraciadamente, el asentimiento favorable a tal proposición no es algo que esté enteramente en mis manos. Mi padre no ve bien que me embarque en esta empresa; y, aunque no se ha negado categóricamente, no hay nada que esté más lejos de mi ánimo que ser una fuente de disgustos para él. Ya le he fallado gravemente no cumpliendo con su deseo de que fuera médico y no quiero hacerle ningún otro daño moral.

Extienda, por favor, mi agradecimiento al profesor Peacock y reciba mis saludos más cordiales, sabiendo que todo esto no hace sino aumentar la gratitud que siento hacia usted.

Charles R. Darwin

Ese mismo día llevó la carta al correo. Pero las sorpresas de aquella jornada aún no habían acabado. Su padre también había pasado el día reflexionando y tras la cena le dijo:

—Mira, Bobby, vamos a hacer una cosa. Ya te dije esta mañana que no veía nada claro todo esto y, en mi opinión, deberías rechazar este viaje. Pero si me presentas a alguien razonable que me persuada con argumentos convincentes de que debo dejarte marchar, entonces no pondré ningún reparo en ello y tendrás mi bendición para este viaje… y mi apoyo económico —añadió, esbozando una sonrisa al mismo tiempo que le guiñaba un ojo en un claro gesto de complicidad.

Totalmente sorprendido por las palabras de su padre, y arrepentido por haberse precipitado en la respuesta a Henslow, no pudo evitar emocionarse al decirle:

—¡Gracias, padre! No sé quién puede haber que sea capaz de convencerlo, pero le aseguro que lo encontraré.

Darwin estaba profundamente turbado. Por una parte sentía temor por los peligros que conllevaba una travesía marítima de esa naturaleza, y por otra se avivaba cada vez más una vehemente fascinación por ese viaje. Cuanto más lo pensaba, más claramente veía que tenía que aceptar. ¡Había que dar lo más pronto posible con la persona que pudiera convencer a su padre!

Durante buena parte de la noche no dejó de darle vueltas a la cabeza. Ya tumbado en su lecho, se repetía una y otra vez:

—¿Quién demonios podrá convencerlo? El barco ha de partir el 4 de noviembre, lo que significa que debo responder de inmediato, si no, pensarán que declino y elegirán a otro.

Como no lograba dar con ningún nombre, sin apenas darse cuenta, sus pensamientos lo fueron llevando hasta la jornada de caza que le esperaba al día siguiente en Maer Hall.

De repente, mientras se imaginaba los momentos tan agradables que con toda seguridad viviría al día siguiente, se le encendió la bombilla.

—¡Cielo santo! Pues claro. ¡Ya está! ¡Cómo demonios no he caído antes en la cuenta!

En efecto, le había venido a la mente el nombre de la persona ideal.

—¡Tío Jos! ¡Él podrá convencer a mi padre! —Al fin y al cabo, en más de una ocasión había oído decir a su padre que tío Jos era una de las personas más inteligentes del mundo.

Sin demora alguna, al día siguiente partió raudo a casa de los Wedgwood. El joven Darwin estaba doblemente contento; por un lado tenía el pleno convencimiento de que su tío Josiah Wedgwood no pondría reparos en ayudarle, y por otro sabía que allí podría ver a la hija de este: Emma, la mujer con la que años más tarde acabaría casándose.

A media mañana Darwin llegó a Maer Hall. Mientras esperaba sentado en un sillón del salón a que llegara su tío, Darwin no dejaba de lamentarse. La mañana no había empezado bien, ya que nada más abrir la puerta la sirvienta, y tras el saludo de rigor, Darwin le había preguntado si la señorita Wedgwood estaba en la finca. Como la respuesta había sido negativa, había preguntado sintió contrariedad.

Cuando Josiah entró en el salón, Darwin se puso en pie de inmediato para recibirlo.

—Por favor, Charles, no te levantes —le dijo su tío.

Después de darse un abrazo de sincero afecto, Josiah le preguntó por su familia:

—¿Cómo están tu padre y tus hermanas? Hace semanas que no los veo.

—Gracias a Dios están todos bien, señor —respondió Darwin.

—Por favor, siéntate. ¿Te apetece tomar algo? ¿Café, o quizás un poco de té?

Con un tono de voz muy dulce, como si quisiera dejar bien claro que su respuesta no pretendía ser una descortesía, el joven contestó:

—Muchas gracias, señor Wedgwood, pero procuro no tomar nada antes de las comidas.

—Bien, pues entonces sentémonos y charlemos un poco.

Sentados frente a frente, Darwin no se anduvo con rodeos y abordó de inmediato el tema que se había suscitado el día anterior.

—Señor Wedgwood, necesito que me haga un gran favor.

—Tú me dirás, hijo. Si está en mis manos, no dudes en contar conmigo.

—Seguro que sí que lo está. Verá, me han ofrecido una plaza de naturalista en un buque de la armada de Su Majestad que va a dar la vuelta al mundo y mi padre tiene serias reticencias.

—¡Hmmm! —murmuró Josiah, intuyendo por dónde continuaría su sobrino.

Tras explicarle la naturaleza del viaje y la trascendencia del mismo para un joven naturalista como él, Darwin concluyó:

—Mi padre solo permitirá que me embarque si consigo encontrar a alguien que sea capaz de convencerlo de ello. Yo había pensado que si usted quisiera, podría…

El señor Wedgwood no le dejó acabar.

—Bobby. Comprendo que tu padre sienta un cierto temor por tu participación en esa expedición; pero, muchacho, has de conseguir embarcarte como sea. Dile a tu padre que mañana mismo estaré en el Monte para hablar con él.

Como si tuviera un resorte, Darwin se levantó del sillón de forma automática. Lleno de gratitud, se abalanzó sobre su tío y le dio un abrazo de sincero y efusivo agradecimiento; al mismo tiempo que le entregaba una lista que había redactado la noche anterior, en la que se recogían las principales objeciones que hallaba su padre a tal empresa. Su alegría era bien manifiesta.

—Está bien, muchacho, está bien —le dijo tío Jos mientras Charles se separaba de él—. Dile también a tu padre que prepare una buena comida. Llegaré a mediodía y, si me da abrigo, pernoctaré en vuestra casa.

—Descuide, señor. Yo mismo supervisaré el almuerzo. Ahora debería cumplir en la ciudad con un encargo que me ha hecho mi hermana Caroline.

Tío Jos rio y, mientras Darwin se alejaba hacia la puerta del salón despidiéndose, le dijo:

—Por cierto, Charles, ¿has podido ver a tu prima Emma?

Darwin se paró en seco para, a continuación, girarse hacia su tío. Agachó tímidamente la cabeza antes de contestar y no pudo disimular su vergüenza. Cogiendo el ala del sombrero con ambas manos y juntándolo a sus piernas, contestó en un tono bastante apagado:

—No. No la he visto.

—Me lo imaginaba —repuso su tío—. Verás, está aquí, justo al lado, en el invernadero de la finca de nuestros vecinos. Ayuda a una amiga a cultivar plantas, y como tú tienes conocimientos de botánica, quizá podrías echar un vistazo y darles alguna orientación. Además, seguro que a Emma le alegrará mucho verte.

Sin perder la timidez, pero recobrando la firmeza, Darwin le respondió:

—Me acercaré a ver esas plantas. A mí también me alegrará poder saludar a Emma.

Después de comer se fueron a cazar, momento que aprovecharon para seguir hablando de las oportunidades que suponía para un naturalista un viaje como el del *Beagle*. Tras la cacería se despidieron. Las últimas palabras de Darwin fueron:

—Nos vemos mañana al mediodía —con la clara intención de recordarle a su tío la cita del día siguiente.

Josiah Wedgwood se presentó en el Monte con puntualidad ejemplar. Fue el propio Darwin quien le abrió la puerta, pues había estado atento a medida que se acercaba el mediodía. Continuamente se asomaba a la ventana de la cocina, desde la que se podía ver el camino que conducía a la puerta de su casa, al mismo tiempo que supervisaba en persona la exquisita comida que se estaba cocinando y en la que el propio Charles había tenido que ver. Pensó con humor que por fin había llegado la hora de poner en práctica en su casa algunos de los conocimientos adquiridos en Cambridge cuando pertenecía al Club de los Glotones.

—¡Tío Jos…, gracias por haber venido! —fueron las primeras palabras que le dijo mientras lo abrazaba y lo invitaba a entrar.

—Papá… Tío Jos está aquí —dijo en voz alta desde el vestíbulo para que lo oyera su padre, que estaba en el despacho, al final del pasillo.

—¡Josiah! ¡Así que eres tú el embajador que ha elegido mi hijo! —exclamó sonriente Robert Waring con tono afable.

A modo de salva de fogueo, pero que dejaba bien claras sus intenciones, Josiah Wedgwood contestó:

—En efecto, me ha contado el muchacho que cuanto mayor te haces, más puntilloso te estás volviendo. —Ambos rieron tranquilamente mientras Darwin, admirado, abría los ojos ante tamaña osadía de su tío.

—Veo que no escondes tus intenciones, Jos —repuso el doctor Darwin—. Pero seguro que prefieres que dejemos eso para después de comer. ¿Te apetece que demos ahora un paseo por la arboleda?

—Te equivocas, Bob. No hay nada de lo que tenga más ganas ahora mismo que de hablar del viaje de tu hijo. —Con estas palabras dejó descolocado a Robert Waring, que estaba plenamente convencido de que el tema sería objeto de la tertulia de sobremesa—. No me sentaré a comer hasta que te haya convencido — remachó tío Jos.

—Bueno…, veo que has venido muy enérgico. Bien, sea como tú quieras. Pasemos al salón y acomodémonos. Pero que sepas que no te va a resultar fácil —advirtió Robert, pasándole el brazo izquierdo por encima de los hombros mientras se dirigían al salón.

Charles iba detrás de ellos y no dejaba de plantearse si las prisas y la vehemencia de su tío serían positivas o si resultarían contraproducentes. Vacilaba y empezaba a dudar de si la baza de tío Jos era, efectivamente, la mejor que podía haber jugado.

Aunque el debate en el salón fue muy intenso, pese a las advertencias de Robert Waring y los temores de su hijo, resultó sorprendentemente breve. Una por una, Josiah fue rebatiendo las objeciones del doctor Darwin, y lo hacía con tal contundencia que Robert Waring no podía rechazar las conclusiones de su cuñado.

—Demonios, ¡eres duro de roer, Jos! —exclamó el padre de Darwin—. Pero he de reconocer que tienes razón. De acuerdo…

Dirigiéndose hacia su hijo, extendió los brazos y, colocando sus manos sobre sus hombros, le dijo:

—Muchacho…, ¡acepta ese viaje!

—Muchas gracias, padre. ¡Le aseguro que no le defraudaré!

—Por tu propio bien espero que no.

—Además, ya verá como no le saldrá muy caro. Debería ser condenadamente listo para gastar mucho dinero en un barco.

—¡Ay, hijo mío! —suspiró el señor Darwin—. Todo el mundo dice que tú eres muy «listo».

Robert Waring y Josiah rieron a carcajada limpia, mientras que Charles se quedó un poco desconcertado. De todos modos, Darwin estaba exultante.

Lo primero que había que hacer era comunicarle a Henslow de inmediato el cambio de decisión. Para ello se dirigió personalmente a Cambridge con el fin de entrevistarse cara a cara con él. El 3 de septiembre de 1831 ambos se encontraron en la ilustre ciudad universitaria.

5

LOS PREPARATIVOS DEL VIAJE

El nuevo giro que había tomado la situación despertaba en Darwin sentimientos encontrados. Por una parte, estaba muy contento con el cambio de opinión de su padre; pero, por otra, sentía una gran preocupación por que su negativa expresada en la carta a Henslow hubiese ido seguida de inmediato por el nombramiento de otra persona.

Por eso Darwin tenía mucha prisa; debía ir rápidamente a Cambridge para entrevistarse con Henslow y hacerle saber que, al contrario de lo dicho en la carta que le había enviado tres días antes, sí estaba dispuesto a aceptar.

Para no perder ni un minuto, a las tres de la madrugada del día 2 de septiembre de 1831 Charles Darwin tomó el Wonder, el coche expreso que lo llevaría de Shrewsbury a Cambridge, ciudad a la que llegó por la noche. Tras hospedarse en el Red Lion Hotel, escribió en su habitación una pequeña nota:

Querido señor Henslow:
Quiero que sepa de mi propia voz que he cambiado de opinión respecto a la propuesta que me hizo de embarcar en un buque de la Royal Navy en calidad de naturalista y acompañante

de su capitán. Por eso mismo he venido hasta Cambridge. Le rogaría que tuviera la amabilidad de recibirme mañana a primera hora si eso fuera posible.
Mi estimado profesor, reciba con todo mi afecto mis más cordiales saludos.

Charles Darwin

El 3 de septiembre los dos científicos se reunieron en la casa del botánico.

—Querido amigo, me alegra muchísimo que haya reconsiderado su postura y que se anime a emprender este viaje tan excepcional —dijo Henslow, a modo de bienvenida.

—Muchas gracias, profesor —repuso Darwin.

Todo apuntaba a que el reverendo J. S. Henslow empezaría un discurso animando al joven naturalista, limando las adversidades, minimizando las dificultades. Pero no hubo nada de eso. Para sorpresa de Darwin, Henslow apuntó más bien en dirección contraria.

—Ha de saber una cosa: ahora que tengo su asentimiento, me toca hacer de abogado del diablo.

—¿Qué es lo que quiere decir? —preguntó intrigado Darwin.

—Sencillamente, que no nos llamemos a engaño. Se trata de un viaje muy largo, de modo que deberá pasar años sin ver a su familia y a sus amigos; así que ha de estar psicológicamente preparado para soportarlo

—Lo sé, profesor, y no crea usted que no me cuesta aceptarlo. Es la única cosa que me turba un poco y me quita la calma. Pero estoy decidido a realizar este viaje cueste lo que cueste.

—Tampoco hay que olvidar que irá por mares y tierras peligrosas, de modo que deberá extremar la precaución; y ni siquiera así se puede garantizar que no le vaya a suceder algo.

—Conozco los riesgos, profesor, y los asumo —contestó Darwin sin ánimo de parecer ni engreído ni temerario.

—Bien, todo eso es muy positivo y me alegra ver su ímpetu. Pero también le recomiendo que no tome la decisión hasta haber hablado con el capitán FitzRoy; incluso con el capitán Beaufort. Tampoco se decida sin haber visto antes el barco.

—De acuerdo.

—Y otra cosa más: si tiene usted un poco de tiempo, le presentaré esta tarde a alguien a quien le gustará conocer. Se trata del señor Alexander Wood.

—¿Quién es?

—Un gran amigo del capitán FitzRoy.

—¿A qué hora vendrá?

—A las cinco. Tomaremos juntos el té.

—Pues ya tengo impaciencia por conocerlo.

—Tranquilo, amigo, tranquilo. Piense que es muy importante que le cause buena impresión, porque no le quepa duda alguna de que esta misma noche le hablará de usted al capitán.

—Me esforzaré por serle lo más grato posible.

—Bueno, en realidad no se ha de preocupar por eso. Y ahora ¿qué le parece si olvidamos por un momento el tema del viaje y damos un paseo antes de comer?

Alexander Wood quedó gratamente impresionado con Darwin y escribió a FitzRoy para concertar una entrevista entre ambos para dos días después.

Poco antes de ir a Londres, a Darwin le llegaron noticias desalentadoras. Se enteró de que el capitán FitzRoy había tomado una decisión que lo perjudicaba sobremanera. Había decidido que el caballero que lo acompañaría sería un amigo suyo, el señor Chester. Parecía como si las opciones se hubieran esfumado de un plumazo.

—¿Cómo puedo competir contra el amigo de quien tiene que tomar la decisión? —se preguntaba con cierta pesadumbre.

Cualquier otro que tuviera un carácter más pusilánime se habría desanimado y habría arrojado la toalla. Pero una de las virtudes más destacables del carácter de Darwin era la perseverancia; de modo que, lejos de venirse abajo, aceleró su marcha hacia la capital del imperio a fin de apurar sus últimas bazas. Así que el 5 de septiembre ya estaba en Londres.

Cuando se estaba entrevistando con FitzRoy se enteró de primera mano de que no tenía motivo alguno por el cual sentirse inquieto, ya que su rival para la plaza en disputa no podía abandonar Inglaterra. Cuando Darwin supo esto, respiró con alivio y siguió la conversación de una forma mucho más relajada. El capitán era un hombre muy amable, de elegancia exquisita y modales sumamente corteses.

—Mire usted, señor Darwin —le dijo el capitán—, no desearía que tomara la decisión de venir sin haber sopesado antes todos los contras que plantea la situación. Haremos esta travesía en un barco relativamente pequeño, el *Beagle*. Es idóneo para realizar las misiones que nos han encomendado desde el Almirantazgo, pero no deja de haber un cierto riesgo.

—¿Cuando dice que es un barco pequeño se refiere a que... es muy pequeño?

—Bueno, no es lo más diminuto que surca los mares, pero con sus 25 metros de eslora hay muy poco espacio para cada uno de los miembros de la tripulación y del pasaje.

—En fin, supongo que será cuestión de acostumbrarse.

FitzRoy rio por primera vez y añadió enseguida:

—Eso sí, le puedo garantizar que le brindaré todas las comodidades de las que dispongamos; aunque, por cierto, no podrán ser muchas.

—Se lo agradezco mucho, capitán, pero no necesitaré grandes cosas. Soy un hombre muy frugal.

—Me alegra saberlo. También yo soy amigo de la templanza. De todas formas, sepa que la falta de espacio significa que deberemos llevarnos muy bien si no queremos mandarnos al infierno mutuamente. —Aunque pudiera parecer que estaba bromeando, lo cierto es que hablaba muy en serio.

—Claro. Por supuesto —repuso el naturalista.

—Bien, por eso mismo quiero que me sea sincero y me diga qué haría si le pidiera que me dejase el camarote para mí en caso de que necesitara estar solo.

—Capitán, el *Beagle* es su navío, de modo que cuando necesite estar solo, además de contar con mi comprensión, tendrá también mi discreción, de modo que nunca le causaré molestia alguna. Yo también necesitaré mis ratos de soledad para desarrollar mi labor científica y para escribir a mi familia, así como para pensar en mis cosas, por lo que entiendo perfectamente sus necesidades.

—Me alegra saberlo.

—En serio, no se preocupe por eso, señor FitzRoy; le garantizo que no habrá ningún problema en hacer coincidir mis necesidades con las suyas.

FitzRoy quedó muy impresionado con estas palabras y empezó a hablar como si diera por sentado que ya estaba decidido que lo acompañaría, lo que llenaba de emoción y satisfacción a Darwin. Hablaron de la ruta que iban a seguir y de las características del navío, y quedaron para verlo el 11 de septiembre.

Meses más tarde, mientras realizaban la travesía, FitzRoy le confesaría al joven naturalista una anécdota que lo dejaría estupefacto.

—¿Recuerda usted cuando nos entrevistamos por primera vez en Londres? —dijo FitzRoy.

—Por supuesto. ¿Cómo podría olvidar un momento así? —repuso Darwin.

—Pues bien, no se ofenda por lo que le voy a decir ahora. —Puntualización que puso a Darwin a la defensiva—. Mire, la verdad es que tras dejarlo y meditar sobre si debía ser usted o no quien viniera conmigo, estuve a punto de desestimar su compañía por la forma de su nariz.

Darwin se quedó atónito. No pudo proferir palabra alguna. Simplemente se quedó mirándolo con cara de incredulidad, mientras FitzRoy continuaba una conversación que Darwin seguía de forma desatenta, ya que no podía evitar pensar en lo que acababa de oír. Como el capitán lo dijo en serio, Darwin no olvidaría nunca esta anécdota que le haría reflexionar sobre lo contingente que resultaba la vida y cómo, a veces, las personas eran capaces de hacer depender cosas importantes de nimiedades intrascendentes.

Pero esto tenía una explicación. En efecto; Darwin no sabía que FitzRoy era un ferviente partidario de la frenología, una disciplina supuestamente científica que estimaba que se podía conocer el carácter de una persona en virtud de sus rasgos físicos, de manera que la forma de cebolleta que tenía la nariz de Darwin hacía pensar a FitzRoy que se trataba de un hombre pusilánime incapaz de aguantar los sacrificios que comportaba un viaje como el que tenían que realizar. ¡Qué lejos estaba FitzRoy de conocer realmente a Darwin!

—Unas últimas palabras, señor Darwin —dijo el capitán antes de dar por finalizada su primera entrevista—. Quiero que observe con escrupuloso rigor la siguiente petición: cuando escriba la carta de solicitud al Almirantazgo, deberá expresar de una forma muy explícita que usted se reserva el derecho de abandonar el barco en cuanto lo desee, sin necesidad de dar ningún tipo de explicación.

—Por supuesto, señor FitzRoy. Puede estar tranquilo, no obviaré este punto.

—Se lo digo muy en serio. A lo largo de toda la travesía tocaremos puerto en numerosos puntos de la costa; de modo que, si en un momento dado le resulta imposible continuar, podrá regresar a Inglaterra sin impedimento alguno por mi parte.

—Se lo agradezco, capitán, pero ahora mismo no hay nada más lejos de mi mente que algo así.

—Bien. Pues entonces, por mi parte no tengo nada más que decir. Nos reuniremos tal como hemos convenido para inspeccionar el buque y así tendrá más elementos de juicio. Aunque si usted quiere, podríamos vernos de nuevo mañana.

—Por supuesto, capitán. Estaría encantado de que así fuera.

Los dos hombres se despidieron y se marcharon por separado para aplicarse a sus quehaceres. Indudablemente, después de aquella entrevista el entusiasmo de Darwin era aún mayor, pero no olvidaba que el Almirantazgo no había tomado todavía la resolución definitiva; aun así, se aplicaba con denuedo a la elaboración de la lista de objetos que debía llevar. Algunos entraban y salían de ella; otros veían variar el número, como cuando le escribió a su hermana Susan pidiéndole que le dijera a la persona encargada de confeccionar las camisas que le hiciera una docena en vez de ocho.

También era importante averiguar la dosis máxima de arsénico que podía tomar, y durante cuánto tiempo, para poder tratar un problema que tenía en las manos. Tampoco era una cuestión baladí proveerse de un juego de pistolas, de modo que tendría que comprarse un par de armas, aunque de momento escribió a su casa pidiendo que le limpiaran a conciencia el rifle.

Al día siguiente volvieron a verse, y el encuentro transcurrió óptimamente. De hecho, Darwin escribió a su familia para decirles que FitzRoy era encantador y que encarnaba todas las virtudes más nobles que cabría esperar de un caballero y de un marinero. Lo que no sabía Darwin es que FitzRoy también escribió a su familia alabando a Darwin y contándoles cosas excelentes de su nuevo acompañante.

Ese día los comercios de la ciudad estaban cerrados porque se celebraba la coronación del rey Guillermo IV y de la reina Adelaida. Al día siguiente, FitzRoy tenía que hacer varias compras, por lo que le dijo a Darwin que, si no tenía ningún inconveniente, podrían ir juntos.

—Entre otras cosas, tengo que comprar armas, sé que usted también ha de hacerlo, de modo que, si le parece bien, me brindo gustosamente a acompañarlo.

—Se lo agradecería mucho, capitán.

—Entonces, si le parece bien, lo recogeré en su hotel a media mañana.

Darwin aceptó y los dos se despidieron. La ciudad estaba engalanada con banderas, anclas y coronas. Se hizo un desfile impresionante en honor de los nuevos monarcas. Como iban a desfilar muchas tropas y duraría mucho tiempo, Darwin alquiló un asiento desde el que pudo ver la espectacular belleza de las formaciones de caballería (coraceros, dragones, los húsares con sus preciosas charreteras). La vistosidad de los Beefeaters no les iba a la zaga.

La muchedumbre se agolpaba en los márgenes de la comitiva y profería vítores dedicados a la nueva pareja real al paso de la majestuosa carroza. Por la noche, Londres se iluminó con los fuegos artificiales, que Darwin contempló mezclado con la multitud. En su opinión, toda la coronación había sido un espectáculo digno de la opulencia oriental.

A la mañana siguiente, en cuanto se encontraron los dos hombres, lo primero que hicieron fue ir a comprar las armas.

—¿Qué le parecen estas, capitán?

—Tiene usted buen gusto, Darwin. Pero ¿quiere un consejo? ¡No escatime ni un solo chelín en ellas!

—Sí, pero…

FitzRoy no le dejó seguir.

—Cuando tengan que salvarle la vida, solo las mejores responderán siempre.

Tomando buena nota de la recomendación del marino, Darwin compró un par que le costaron 50 libras. Estaba convencido de que había hecho un desembolso sumamente pródigo. Cuál no sería su sorpresa al ver que las que se llevaba FitzRoy valían 400 libras.

El 11 de septiembre, por fin, se dirigieron a Plymouth para inspeccionar el buque.

Durante la visita al navío Darwin pudo comprobar que efectivamente se trataba de un barco alto de cintura, lo que significaba que en cuanto se rizara un poco la mar, empezaría a dar cabezadas rápidamente. Botado en 1820, el *Beagle* estaba siendo objeto de una remodelación total, pues, como reconoció posteriormente el futuro almirante sir James Sulivan (entonces segundo teniente, y uno de los muchos amigos que hizo Darwin entre la oficialidad), la podredumbre se había apoderado de buena parte del casco, y si se quería que continuara en activo, debería entrar en el dique seco de la dársena para someterse a una profunda reparación.

En esa visita Darwin se quedó especialmente alarmado por la falta de espacio, pues el barco era realmente pequeño y estrecho.

«Dios mío…, ¿y aquí tendremos que convivir 74 personas entre tripulación y pasaje? —pensó— ¡Esto va a ser más difícil de lo que imaginaba!»

Cuando vio los camarotes también sintió una cierta desazón, pues no había espacio para nada. En su visita por el barco iba acompañado por el segundo de a bordo, el primer teniente John Wickham, que no podía disimular una sonrisa cada vez que veía la cara de incredulidad de Charles Darwin.

—Capitán, ¡pero si no hay camas en el camarote! —dijo con un tono desconcertado el joven naturalista.

—No se preocupe, señor —lo tranquilizó el primer teniente del navío—, yo mismo le enseñaré a usar las hamacas que cuelgan de aquella pared. Hay que aprovechar el espacio al máximo.

La verdad era que se apuraba tanto el espacio que, para dormir, Darwin tenía que sacar un cajón de un armario a fin de poner el pie que le colgaba del extremo de la hamaca en el hueco que dejaba el cajón.

—En realidad todo es mucho más confortable de lo que parece a simple vista —observó el capitán con la intención de animarlo.

Y, en efecto, así fue. Años más tarde, el propio Darwin reconocería que aquella falta de espacio tan acentuada le había enseñado a ser ordenado y metódico, cualidades que lo acompañaron el resto de su vida y de las que supo sacar muy buen partido.

Unas semanas más tarde se hizo la asignación de los camarotes, y entonces pudo comprobar que le correspondía el mejor después del capitán FitzRoy. Además, al enterarse de que su compañero de estancia iba a ser John Stokes, cuya misión era ser el asistente geómetra, Darwin también sintió una gran alegría, pues se trataba de un oficial con el que había congeniado muy pronto y por el que sentía un gran afecto.

Resultaba muy reconfortante comprobar la generosidad del capitán FitzRoy, ya que le había asegurado que podría entrar libremente en su camarote; además, también le garantizó que compartirían la comida y cualquier otro tipo de comodidad. Pero también le dijo que era un hombre extremadamente frugal, como bien pudo comprobar Darwin durante todo el trayecto, de modo que lo advirtió de que las comidas serían muy sobrias, así como cualquier otro tipo de divertimento. En efecto, la austeridad y la templanza eran virtudes muy propias del carácter de FitzRoy. Y, tal como diría Darwin siendo ya mayor: «El capitán era partidario del ahorro en todo… excepto en las armas para defenderse».

A mediados de octubre el Almirantazgo aceptó la propuesta de que el señor Charles Robert Darwin fuera el acompañante de FitzRoy durante la travesía del *Beagle*. La confirmación de su presencia en el buque hizo que se dedicara a ultimar los preparativos con entusiasmo.

El 22 de septiembre regresó a Shrewsbury para despedirse de su padre y de sus hermanas. Los sentimientos eran encontrados. Todos estaban contentos por estar con él unos días y por el convencimiento de lo provechoso que resultaría ese viaje para su futuro profesional; pero, al mismo tiempo, había una cierta tristeza porque, indefectiblemente, estarían varios años sin verse, aunque se comprometieron a escribirse con la máxima frecuencia posible. Cuando se despidieron, el padre de Darwin, como buen doctor que era, no pudo reprimir sus últimos consejos:

—Hijo mío, ¡cuídate mucho! Come carne y fruta para prevenir el escorbuto.

El 24 de octubre se instaló nuevamente en Plymouth, donde alquiló una habitación con vistas al embarcadero, de tal suerte que desde su ventana podía seguir con impaciencia todo el proceso de remodelación del buque, especialmente los trabajos que se hacían en la parte exterior de la quilla. También podía ver a la perfección el mascarón de proa del navío. Se trataba de la esfinge, las patas delanteras y las garras de esa raza de pequeños pero elegantes, perros británicos llamados beagles, que daba nombre al barco.

La fecha de partida se había fijado para el 4 de noviembre, pero la magnitud de las reformas hizo que fuera imposible zarpar ese día. La espera se hacía eterna y Darwin consumía el tiempo leyendo los libros científicos que tenía a mano y practicando español, pues estaba previsto anclar en el puerto de Santa Cruz de Tenerife, con lo que podría cumplir uno de los sueños dorados que venía albergando desde que, años atrás, había leído el libro de viajes de Humboldt, quien en 1799 había remontado más de 2.000 kilómetros del río Orinoco y había traído a Europa numerosas muestras de plantas y animales autóctonos.

Sin embargo, tal como confesó Darwin años más tarde, aquellos dos meses en Plymouth fueron los más tristes de su vida, por la sencilla razón de que la idea de separarse de su familia durante tantos años le parecía especialmente dolorosa. También le preocupaban ciertas palpitaciones cardíacas anómalas, pero se resistía a visitar a un médico, por miedo a que le detectara alguna dolencia que le impidiera viajar; es más, estaba seguro de que se lo prohibiría taxativamente.

Otra manera que tenía de distraerse era ocupar el tiempo en repasar una y otra vez la lista de material que iba a embarcar. Consigo llevaba un microscopio, una brújula de geólogo, un telescopio, frascos de todas las medidas para guardar la enorme cantidad de muestras que iba a tomar, alcohol para conservar las muestras, lupas, herbolarios para secar plantas (algo que resultaba muy importante, ya que en estos viajes los naturalistas guardaban en ellos plantas secas, además de semillas y esquejes en macetas, para intentar el cultivo de nuevas especies que pudieran contribuir al aumento de la riqueza económica de sus países de origen), un altímetro barométrico para medir la altitud de las montañas que escalara, una red que se había fabricado él mismo para pescar animales marinos, utensilios diversos para realizar disecciones, un compás geológico, un estuche con un buen par de pistolas, su rifle, unas zapatillas y unos zapatos ligeros para poder realizar marchas largas a pie.

La última vez que vio a su buen amigo Henslow antes de partir, este le recomendó que se llevara unos cuantos libros.

—Gracias por su consejo, señor Henslow.

—¿Cuáles ha decidido llevarse? —le preguntó el profesor de Cambridge.

—*Los Viajes* de Humboldt… —empezó a enumerar Darwin, pero se vio interrumpido de inmediato.

—Lo sabía. Estaba seguro de que se llevaría a Humboldt —dijo Henslow—. ¿Qué más?

—Un libro de Milton, la Biblia y una gramática española. Como ve, no puedo llevar muchos.

Cuando por fin se terminaron todas las reformas del buque y este abandonó el dique seco, Darwin y sus acompañantes pudieron embarcar. Fue entonces cuando se hizo aún más notoria la falta de espacio.

Entre las personas que iban a bordo había tres pasajeros exóticos. Al verlos embarcar, Darwin le preguntó quiénes eran al primer teniente John Wickham.

—Son indios yaganes —contestó el oficial.

—¿Que son qué? —indagó intrigado Darwin.

—Son unos habitantes de Tierra del Fuego; los indígenas que viven más al sur de todo el planeta.

—¿Y qué hacen aquí?

—Es una historia un poco larga —repuso Wickham—. Verá, durante la última travesía que hicimos por aquellas tierras con el *Beagle* unos nativos nos robaron un bote, concretamente una ballenera. El capitán se enfureció y exigió que nos lo devolvieran. Como los muy condenados no hicieron caso, el capitán tomó cuatro rehenes para presionarlos.

—¿Cómo dice? —dijo el naturalista de Shrewsbury, entre sorprendido e indignado.

—Vamos, Darwin, no sea ingenuo. Con esos salvajes hay que tener mano dura.

—¿Y cómo es que se los acabó trayendo?

—Muy sencillo, hombre. No nos devolvieron el bote.

—Pero ¡eso es terrible! —exclamó—. Arrebatarle estas personas a sus familias, simplemente porque te han robado una chalupa. ¿Cómo se puede hacer algo así?

—Mire, esa gente sin alma sería capaz de quitarle hasta la ropa que lleva puesta en mitad de aquellas tierras gélidas. Si le hicieran eso, seguro que no vendría con esas monsergas compasivas.

—Me sorprende, señor Wickham. No pensé que fuera usted tan duro de corazón.

—No se trata de eso, Darwin. Son gente que no conoce la civilización y por lo tanto no respeta la propiedad privada. Hay que enseñarles las reglas del juego. Si te la juegan, te lo tienen que pagar. Y si no quieren rectificar…, entonces que no se quejen.

—¡Ya…! Ojo por ojo y diente por diente, ¿verdad?

—Eso mismo. No obstante, sepa usted que el capitán los ha tratado con toda clase de cuidados. Como si fueran hijos suyos.

—No me convence, Wickham.

—No trato de hacerlo. Simplemente he contestado a sus preguntas.

—Pues entonces conteste otra más: ¿Por qué los devuelven? ¿Es que acaso ha aparecido el bote que les robaron?

—Muy gracioso, señor Darwin —contestó el primer teniente sin mostrar ningún signo de enfado por la ironía de su compañero—. ¡No! Me temo que el bote no aparecerá nunca. Lo que sucede es que el capitán cree que podrán cristianizar la región. Además, dentro de pocos meses se aprobará la ley de la abolición de la esclavitud y el capitán ha recibido una orden del Gobierno por la cual los ha de retornar al lugar exacto donde los tomó. Y por si todo esto fuera poco, no hay que olvidar que le están costando una fortuna.

—Vaya. Al menos hay algo grato en toda esta historia.

Entonces Darwin le dio una palmada en el hombro al oficial y se dirigió hacia los fueguinos.

—Hola. Me llamo Charles Darwin —le dijo al mayor de ellos.

—York Minster soy yo —le contestó con un acento extraño y alterando la sintaxis del idioma.

—¿Y usted, señorita?

—Fuegia Basket.

—Lleva usted un sombrero precioso —le dijo Darwin de manera cortés.

—Me lo regala reina Adelaida —contestó Fuegia, presumiendo y evidenciando que tampoco había logrado dominar plenamente la sintaxis de la lengua inglesa—. Y este anillo también —añadió, extendiendo la mano para hacer gala de su joya.

—Yo soy Jemmy Button —dijo el otro joven.

De hecho, FitzRoy se había traído a cuatro fueguinos. Pero uno de ellos, Boat Memory, había muerto durante su estancia en Inglaterra, pese a los esmerados cuidados dispensados por el doctor Armstrong en el hospital real de Plymouth.

En diciembre se intentaron dos salidas, pero fueron infructuosas y hubo que regresar a puerto debido al mal tiempo.

La espera en Plymouth resultaba frustrante para todos, incluido el capitán. Para matar el tiempo, FitzRoy y Darwin daban paseos por las calles adyacentes al puerto y realizaban algunas compras. Fue durante uno de estos frecuentes paseos cuando FitzRoy decepcionó por primera vez a Darwin.

—Esta es la tienda —dijo FitzRoy, deteniéndose a la entrada de un comercio dedicado a la venta de todo tipo de utensilios de mesa—. ¿Entra usted conmigo?

—Sí.

Una vez dentro, el capitán se dirigió al tendero que lo había atendido unos días antes mientras compraba una vajilla.

—¿Se acuerda usted de mí?

—Sí, señor —respondió el comerciante.

—Quisiera devolver esta pieza de la vajilla que le compré el otro día. Está rota.

— A ver... Hum... Lo siento, pero no puedo cambiársela.

—¿Cómo que no? ¿Qué problema hay? —preguntó el capitán en un tono irritado.

—Yo le vendí la vajilla con todas las piezas enteras. Si la ha roto usted, el problema no es mío.

A FitzRoy le cambió el color de la cara. El enfurecimiento lo hizo enrojecer. Conteniendo la rabia, le preguntó.

—¿Qué precio tiene aquella?

—¿La vajilla china que está en las estanterías del fondo?

—Sí.

—14.000 libras, señor. —Toda una fortuna.

—Pues sepa usted que el otro día me quedé con ganas de comprarla, de modo que hoy venía con la intención de cambiar esta pieza y de comprarle aquella vajilla. Pero ya no la quiero. Buenos días, señor.

Y dándose la vuelta, salió airado de la tienda. Darwin pudo ver la cara de desconcierto del dueño del comercio. Salió detrás del capitán y anduvieron durante un buen rato sin intercambiar palabra alguna, hasta que FitzRoy se detuvo y, girándose hacia Darwin, le preguntó:

—¿Cree usted que iba a comprarla?

—Por supuesto que no, capitán.

—Tiene usted razón —dijo el marino con un tono de voz mucho más sereno del que había empleado en la tienda—. Creo que he actuado injustamente.

Los días fueron pasando hasta que la mañana del 27 de diciembre de 1831 mostró un mar en calma con viento de levante.

—Hoy es nuestro día, Darwin —dijo el capitán en tono exultante.

Acto seguido empezó a impartir órdenes.

—¡Teniente Wickham!

—¡Sí, señor!

—¡Dispóngalo todo para la partida! ¡Nos vamos!

—¡A sus órdenes, señor!

—Darwin.

—Diga, capitán.

—¿Tiene usted planes para la hora de la comida?

—Pues no.

—Bien. Como es la última comida que haremos en Inglaterra hasta vaya usted a saber cuándo, lo invito a que comamos juntos. ¿Qué le parece?

—Pues... ¡fantástico! Me parece muy bien.

—De acuerdo. Entonces a las doce y media bajaremos a una taberna del puerto en la que sirven una carne excelente. Ahora, ultime sus cosas, porque esta misma tarde estaremos navegando. Por cierto, me gustaría hacerle un pequeño regalo. Tome. —Y, extendiendo el brazo, le entregó un paquete.

Darwin rasgó el envoltorio y leyó en voz alta:

—*Principios de Geología.*

—¡Exactamente! Es el primer volumen de lo que, según tengo entendido, será una extensa obra escrita por el profesor Charles Lyell.

—Muchísimas gracias, señor FitzRoy. Le aseguro que la leeré muy a fondo.

—Yo ya la he leído y estoy seguro de que le agradará. De todos modos, le aconsejo que no haga caso de la tesis principal del autor.

Darwin se quedó perplejo. ¿Qué es lo que decía Lyell en ese libro que tanto disgustaba al capitán? En aquel momento ninguno de los dos era consciente de hasta qué punto influiría esa obra en Darwin y de lo importante que resultaría para su carrera como científico.

Ya en uno de los restaurantes del puerto, ambos tomaron lo mismo: unas espléndidas chuletas de cordero, y brindaron por el éxito de la travesía con champán francés. A las dos de la tarde estaban de vuelta en el barco y poco después partían con rumbo al golfo de Vizcaya.

6

UN VIAJE QUE CAMBIÓ LA BIOLOGÍA

Los primeros días de navegación fueron una auténtica pesadilla para Darwin. No necesitaba mucho para marearse; bastaba que el buque cabeceara un poco para que se sintiera fatal. Para colmo de males tuvo que enfrentarse a varias semanas de mar muy agitada, con lo cual estaba mareado todo el día. La mayor parte del tiempo estaba tumbado en su coy o vomitando en la cubierta.

—¡Pobre amigo! ¡Pobre amigo! —decía continuamente Jemmy Button, uno de los tres fueguinos que iban a regresar a su tierra.

—No se preocupe, señor Button. Ya se me pasará —le contestaba Darwin con voz entrecortada y con la cara permanentemente pálida.

Las chuletas que había comido antes de partir de Plymouth habían ido a parar al mar muy pronto. Después de eso bien poco tenía para arrojar, puesto que era incapaz de asimilar alimento alguno. Lo único que podía digerir eran unas uvas; su padre le había recomendado que se hiciera con unos cuantos racimos antes de partir y ahora estaba resultando ser el único alimento que su estómago toleraba medianamente.

Tras evitar una tempestad en el canal de la Mancha se adentraron en el golfo de Vizcaya, donde encontraron mala mar, de modo que los problemas de Darwin no hicieron más que agudizarse. El 4 de enero llegaron a la altura del archipiélago de Madeira, donde consiguieron eludir otra tempestad; para ello decidieron pasar de largo sin recalar en ninguna de sus islas. Por fin, después de diez días de navegación, Darwin oyó desde su camarote cómo el vigía daba la voz de avistamiento:

—¡Tierra a la vista!

Pese al mareo tan grande que tenía, no vaciló en levantarse de la hamaca.

—Seguro que estamos llegando a Tenerife —pensó.

Sacando fuerzas de la flaqueza salió a cubierta. A pesar de la lejanía, ya resultaba inconfundible la cumbre nevada del Teide. Unas horas más de navegación y llegarían al puerto de Santa Cruz. La emoción y la alegría casi lo habían repuesto.

—Parece usted otro, señor Darwin —le comentó un marinero.

—He estado esperando este momento durante años y por fin ha llegado —le contestó Darwin.

Su ansia por poner pie en tierra resultaba incontenible; casi ni se acordaba de los mareos.

—Bueno, ahí tiene su isla, señor Darwin —dijo el capitán FitzRoy.

—Es increíble poder ver esto. Me siento un hombre muy afortunado.

—¿Ha dicho afortunado? Quizá sea porque llaman así a estas islas —bromeó el capitán.

Entonces Darwin recordó que a las Islas Canarias se las conocía también como las Islas Afortunadas y se echó a reír al mismo tiempo que reconocía la agudeza de FitzRoy.

—Han valido la pena todos esos mareos, ¿verdad? —añadió el primer teniente John Wickham, con expreso deseo de incorporarse a la conversación.

—Pues sí, la verdad es que un momento como este lo compensa todo. Soy muy feliz.

—¿Mando preparar el bote para desembarcar, mi capitán? —preguntó el segundo de a bordo.

—Aguarde un momento, teniente Sulivan... —repuso FitzRoy mientras observaba a través de su catalejo, y unos segundos más tarde añadió:

—Se está acercando un bote. Averigüe qué es lo que quieren.

Desde el bote, un oficial de la Armada española les dijo algo. Pero ninguno de los oficiales del *Beagle* lo entendió. Por este motivo el capitán le pidió a Darwin que hiciera de traductor. Su castellano no era perfecto ni mucho menos, pero al fin y al cabo era el que más sabía de los que estaban allí.

—¿Puede repetir lo que ha dicho, por favor? —pidió Darwin en un castellano pronunciado con un acusado acento inglés.

—Son un buque con bandera británica. Han de decirme de dónde vienen.

—De Plymouth, señor.

—¿Y cuánto hace que salieron de allí?

—Nueve días.

El oficial se giró hacía uno de sus acompañantes y habló con él. No se oía lo que decían, pero a Darwin le daba muy mala impresión todo aquello. «Sea lo que sea, no debe de ser nada bueno», pensó.

—No podrán desembarcar —les dijo el oficial español.

—¿Por qué? —preguntó Darwin muy desconcertado.

—Hace casi dos semanas que se detectó un brote de cólera en Londres y tenemos órdenes de no dejar desembarcar a nadie que venga de allí sin haber pasado una cuarentena de doce días.

Al ver la cara de estupefacción de Darwin, el capitán no pudo contener más su impaciencia y, abandonando el porte flemático y gallardo que había mantenido durante toda la conversación, le pidió a Darwin que le explicara qué estaba sucediendo.

—Malas noticias, capitán —respondió Darwin, y a renglón seguido le explicó la situación.

—En efecto…, muy malas noticias —dijo el capitán en voz baja mientras se retiraba a su camarote.

Durante unas horas FitzRoy estuvo reflexionando, hasta que tomó una decisión. Por la mañana dio la orden de levar el ancla inmediatamente y continuar navegando rumbo a Cabo Verde. Así pues, tras estar años soñando con poder pisar el suelo de las Islas Afortunadas, Darwin solo pudo pasar unas pocas horas en la rada del puerto de Santa Cruz. Era el 6 de enero de 1831. Al día siguiente el naturalista se llevó la última imagen del archipiélago. Se trataba de una vista exuberante. Desde la cubierta pudo observar cómo el sol salía tras el escarpado perfil de Gran Canaria e iluminaba el Teide. Las tierras costeras estaban cubiertas por la niebla y poco a poco las islas se fueron difuminando en la lejanía.

A partir de ese momento el tiempo mejoró notablemente, por lo que disminuyeron los mareos de Darwin; de esta forma pudo empezar a trabajar en serio. En cuanto se puso bien, lo primero que hizo fue echar su red al agua y capturar un buen número de animales marinos. Una mañana, mientras pescaba de esta forma tan peculiar, se le acercó el teniente Wickham y le dijo:

—¿Va a ensuciarme nuevamente la cubierta del barco, señor Darwin? Si yo fuera el capitán, no le dejaría hacer eso.

Darwin no supo distinguir si se lo decía en serio o en broma.

—Perdóneme, teniente. No me había dado cuenta. A partir de ahora, pondré los peces sobre un trozo de arpillera.

A medida que transcurrían los días, la tripulación le iba tomando confianza, de modo que se animaban a gastarle bromas. Así, a veces, le decían:

—¡Eh! ¡Cazamoscas! Ballena a estribor… —Y Darwin salía corriendo de su camarote para observar el cetáceo y descubría que no había nada… excepto la marinería observándolo entre risas.

Lo llamaban Cazamoscas porque un día había arrojado por la borda un sedal con un anzuelo y una bolla por la popa del barco. Al poco rato un tiburón de tamaño mediano picó el anzuelo y, cuando lo depositó sobre la cubierta del barco, se armó un pequeño revuelo. Esto le ganó la admiración de los tripulantes. Fue entonces cuando se les ocurrió ponerle aquel mote.

Los días transcurrían monótonamente hasta que el 16 de enero llegaron a Porto Praia, en la isla de Santiago. Se trata de la isla principal del archipiélago de Cabo Verde. Por aquel entonces estaba bajo la jurisdicción de la Corona portuguesa.

—Teniente Sulivan, hay que tener mucho cuidado, estas costas son muy peligrosas y podríamos destrozar la quilla en cualquier momento —advirtió el capitán.

El archipiélago está formado por una docena de islas y la navegación en torno a ellas debe ser extremadamente prudente por causa de los escollos.

Una de las primeras cosas que pudo constatar Darwin de Cabo Verde fueron los efectos nefastos de la deforestación. Cuando la isla fue descubierta, Porto Praia estaba rodeada de bosques, que, sin llegar a ser muy frondosos, eran densos; tres siglos más tarde, la tala indiscriminada de árboles había abocado a la isla de Santiago a una aridez desoladora.

Desde Porto Praia Darwin hizo excursiones a caballo al interior de la isla y visitó algunas de sus aldeas. En los doce días que estuvo en Santiago aprovechó para adentrarse hacia el norte hasta Santo Domingo y para ir a la antigua Ribeira Grande, ahora conocida como Cidade Velha, unos pocos kilómetros al oeste de Praia.

Durante una de las excursiones, Darwin le hizo una observación muy interesante al artista Augustus Earle, contratado como dibujante oficial de la expedición.

—¿Se ha fijado en las ramas de los árboles, señor Earle?

—Sí. Todas están orientadas de nordeste a sudeste.

—Es por causa de los vientos alisios. En el hemisferio norte soplan del Trópico de Cáncer al Ecuador.

—Si algún día decido vivir aquí ya sé de qué lado de los muros tendré que ponerme para resguardar mis pinturas de estos vientos.

Durante su estancia en Cabo Verde, Darwin disfrutó mucho estudiando la geología de la isla, principalmente la estratigrafía de las laderas situadas cerca del puerto de Santiago. Según confesó él mismo años más tarde, su interpretación del relieve geológico le había permitido comprobar la superioridad del método de Lyell respecto al de otros geólogos. De hecho, la geología de Santiago era muy chocante, pero Darwin logró dar con la explicación de la formación de la isla.

La amistad entre Earle y Darwin era mayor cada día que pasaba. Una mañana en la que el dibujante se interesaba por el trabajo del naturalista se le acercó para ver qué hacía. En una roca que tenía forma de mesa, Darwin había puesto unos cuantos minerales. Con las manos apoyadas sobre la roca y el cuerpo inclinado los iba observando detenidamente, al mismo tiempo que no paraba de cavilar. Earle lo sacó de su ensimismamiento al preguntarle:

—¿Ha hecho algún descubrimiento importante en esta isla?

Darwin dudó qué contestar, lo que desconcertó a Earle. Finalmente le dijo un lacónico:

—Sí.

El artista tenía un interés sincero por saber qué había descubierto que tanto le costaba decir, pero no se atrevía a preguntárselo. No hizo falta. Darwin no quería ser descortés y por ello levantó la cabeza y miró al dibujante a los ojos al mismo tiempo que le decía unas palabras enigmáticas:

—Creo que he conseguido descubrir algo muy importante.

Después de oír esto, Earle estaba más intrigado que nunca y, sin articular palabra alguna, le hizo un gesto de interrogación con el rostro.

—Se lo explicaré, pero ha de prometerme que no se lo dirá a nadie —lo exhortó Darwin.

—Se lo prometo —dijo Earle sin dudar ni un segundo.

—Hasta ahora nadie sabía cómo se habían formado estas islas y creo que yo lo he descubierto.

—¿Está usted seguro?

—Verá... Los catastrofistas, como el barón de Cuvier, sostienen que el relieve geológico que contemplamos hoy en día fue el fruto de cataclismos sucedidos en el pasado. Los uniformistas, a quienes también se los llama actualistas, en cambio, opinan que el relieve actual había sido modelado lentamente por las mismas fuerzas de la naturaleza que actúan hoy en día; según ellos la Tierra se habría formado lentamente durante un periodo de tiempo muy largo, de varios millones de años, conformando su orografía bajo fuerzas erosivas idénticas a las actuales.

—La verdad es que no lo he entendido muy bien, señor Darwin; pero, desde luego, si tiene usted razón, parece haber descubierto algo muy importante.

Darwin también se aplicó en el análisis de la fauna. Le llamaba especialmente la atención una de las especies de martín pescador que habitaba en la isla, y se dedicaba a observar y anotar las costumbres de los pulpos. Entre los animales sobre los que más datos pudo recopilar estaban los crustáceos; los conocimientos adquiridos por Darwin a partir de entonces sobre estos animales le permitirían publicar en el futuro una monografía. Para racionalizar su esfuerzo se acostumbró a hacer coincidir sus lecturas con aquellos animales o plantas que estaba observando.

La estancia en Cabo Verde le fue de sumo provecho; así, por ejemplo, pudo comprobar que las descripciones que se habían hecho de muchos animales tropicales eran muy inexactas. Por otra parte, había recogido ya tantas muestras que sería inevitable tener que enviar un buen cargamento a Inglaterra desde Río de Janeiro.

Una de las resoluciones que tomó Darwin desde el mismo momento en el que zarparon de Devonport, fue la de ir escribiendo un diario en el que anotaba todos los datos relativos a la ruta que iban a seguir, así como las actividades científicas que realizaba. Días después de haber dejado Cabo Verde, el capitán le pidió que le leyera algunos fragmentos. Darwin lo hizo con sumo gusto y se llevó una sorpresa muy grata.

—¿Sabe una cosa, señor Darwin? —dijo el capitán—. Creo que se trata de un diario muy interesante y estoy plenamente convencido de que a su regreso lo podrá publicar.

FitzRoy acertó de lleno. En 1839 se editó el tercer volumen acerca de los viajes del *Beagle*, en el que aparecía el diario de Darwin. Con el tiempo, el texto acabaría publicándose por separado con el título de *Diario del viaje de un naturalista alrededor del mundo*; un libro que llegó a ser considerado el mejor relato de viajes escrito hasta aquel momento.

7

BRASIL

El 7 de febrero partieron de Cabo Verde con destino a San Salvador de Bahía, una hermosa ciudad de la costa brasileña. Sin embargo, antes de llegar harían un par de escalas. El 16 de febrero el *Beagle* recaló en el diminuto peñón de San Pablo, situado a 950 kilómetros de la costa brasileña. Se trata de un islote muy próximo al ecuador, que se caracteriza por ser casi desértico; en aquel entonces solo estaba poblado por dos clases de aves: *Sula sula* (similar al alcatraz) y *Anous stolidus* (unas golondrinas de mar).

—Señor Darwin, ¿quiere venir a cazar pajarracos con nosotros? —le preguntó uno de los marineros que estaba ayudando a bajar una chalupa al agua.

—De acuerdo. Así pondré a prueba mis armas.

Pero cuando pusieron pie en tierra se llevaron una gran sorpresa. Como las aves no habían visto humanos con anterioridad, no los identificaron como enemigos.

—Creo que no va a ser necesario que gaste munición —gritó el contramaestre mientras cogía un palo.

—Tome uno y síganos —le dijo otro marinero.

Entretanto, otros marineros pescaban desde un bote. Su éxito también era notorio. En cuanto ponían el anzuelo en el mar pescaban un mero. Pero entonces sucedió algo imprevisto: un grupo de tiburones se acercó atraído por el olor de la sangre que desprendían los meros capturados. Los tiburones arremetieron contra ellos pese a los golpes de remo que les propinaban los marineros.

Después de que los dos grupos hubieran hecho un buen número de presas, regresaron al buque y se dirigieron a la isla de Fernando Noronha.

Por fortuna para Charles, los días de bonanza continuaron a medida que se acercaban al paso del ecuador. En la Armada era tradición celebrar el paso de la línea, y el *Beagle* no fue una excepción. Como era de esperar, a Darwin le gastaron la broma de rigor. Encerrado en su camarote, esperaba que los marineros lo llamaran a cubierta.

—¡Ya puede salir, señor Darwin! ¡Es la hora del afeitado! —le gritaron entre sonoras carcajadas.

Darwin salió a la cubierta y se encontró con toda la marinería delante de él. Todos iban vestidos de forma extravagante. Parecía una comparsa de carnaval. Darwin estaba perplejo. Por un momento la estricta disciplina impuesta por el capitán FitzRoy había desaparecido.

—Siéntese aquí —le señalaron un barril que habían puesto junto al palo mayor.

—Ahora vendrá Neptuno…

—Y lo afeitará muy gustosamente…

Entonces apareció un marinero disfrazado de Neptuno, con tridente incluido. Su trono era una silla que se desplazaba sobre la cureña de un cañón. El capitán y los demás oficiales observaban la escena desde el castillo de popa. Se tronchaban de risa, pero su flema británica les impedía exteriorizar sus sentimientos.

—Veamos —dijo Neptuno—, un poquito de «espuma» por aquí. —Y empezó a embadurnar la cara de Darwin con una mezcla de pintura y alquitrán—. Así está bien. Ahora mi ayudante lo afeitará —añadió el rey de los mares.

Darwin tenía los ojos vendados y no pudo ver cómo se aproximaba un marinero con un serrucho en lugar de una navaja, preguntándole en un tono burlón:

—¿Un afeitado bien rasuradito, señor Darwin? —Entonces se produjo una explosión de carcajadas.

La tupida barba de Darwin había desaparecido, aunque dejando la cara llena de pequeños cortes. Después de sufrir lo indecible, oyó decir a Neptuno:

—Ahora un buen masaje para quitar la espuma. —Entonces le enjuagaron la cara con un trapo húmedo que había sido impregnado en agua salada, de modo que producía un fuerte escozor.

Los días transcurrían de forma monótona. A ello contribuían los horarios relativamente estrictos que regían la vida en el buque. En una de las cartas que escribió a su familia explicaba la rutina en el barco:

«El desayuno es a las ocho en punto. Los oficiales tienen como norma no esperarse entre sí, de modo que se van sirviendo a medida que llegan a la mesa. La mañana me la paso trabajando: procuro hacer disecciones, clasificar muestras, escribir mi diario o tomar notas de carácter científico para redactar textos más elaborados posteriormente; eso si el mar está en calma; si se encuentra agitado, debo luchar contra el mareo y, si puedo, intento leer para pasar el tiempo. La comida es a la una del mediodía. Dile a padre que no sufra, te aseguro que no tenemos problemas con el escorbuto: afortunadamente todos estamos bien alimentados; de momento no hemos necesitado recurrir a la carne salada. El arroz, los guisantes y las lentejas, junto con la fruta y el pan, forman parte de la alimentación básica cuando estamos en alta mar. El vino nunca hace presencia en la mesa, de modo que lo único que bebemos es agua. La templanza en la comida y la bebida es una de las normas de austeridad que ha impuesto el capitán FitzRoy. Eso sí, todos los días a las cinco de la tarde tomamos té juntos».

La tarde era el momento preferido por Darwin para redactar las cartas. En ellas no ponía tanto esmero en la descripción de los detalles porque esto era algo que dejaba para su diario, que consideraba la carta más larga, y para las notas que tomaba con vistas a la publicación de trabajos científicos. Aun así, las cartas eran un buen medio para conocer su estado de ánimo a lo largo de la travesía. Darwin sentía una alegría indescriptible cada vez que llegaba a un puerto y le entregaban la correspondencia que le habían enviado sus familiares y amigos. En una ocasión, al escribir a su familia, les dijo:

«Si supierais el ardiente e inefable deleite que sentí al tener la certeza de que mi padre y todos vosotros estabais bien hace tan solo cuatro meses, no escatimaríais trabajo para mantener una correspondencia regular. Os sorprendería si supierais que la satisfacción experimentada al llegar a un nuevo lugar depende por completo de las cartas».

Después de haber estado unas horas en el peñón de San Pablo reemprendieron la navegación. La siguiente parada fue en la pequeña isla de Fernando de Noronha, un islote que se encuentra a unos 620 kilómetros al oeste de la costa septentrional de Brasil y al que llegaron el 20 de febrero de 1832. La isla en sí tenía la belleza propia de los parajes tropicales, pero se trataba de un lugar un poco deprimente, porque las autoridades brasileñas enviaban allí a los súbditos condenados al ostracismo. Darwin solo pudo estar un día en Fernando de Noronha, porque el oleaje resultó ser tan bravo que FitzRoy consideró más prudente alejarse de aquellas aguas.

A medida que el navío se acercaba a Brasil, el mar estaba más tranquilo. Los delfines escoltaban al buque a babor y a estribor, cruzándose ante su proa. En el cielo grandes bandadas de aves marinas seguían al barco, sobrevolándolo. Rodeado por un entorno idílico, el *Beagle* llegó a San Salvador de Bahía el 28 de febrero.

Nada más poner pie en tierra, Charles vivió una intensa tormenta tropical al abrigo de un árbol de espeso ramaje; en Inglaterra un árbol así no habría dejado pasar ni una gota, pero allí no era refugio. Pudo ver cómo el pez globo era capaz de sobrevivir al ataque de los tiburones. Observar la majestuosidad de los árboles selváticos, con sus copas densamente entrelazadas y las lianas que colgaban de ellas, le producía un sentimiento de profunda admiración. También se deleitaba contemplando el esplendor de las orquídeas y de las granadillas, el delicado vuelo de los diminutos colibríes cerniéndose sobre una flor, o estudiando la enorme variedad de plantas parasitarias que crecían en los recovecos más insospechados.

Fue en Bahía donde tuvo el primer roce con FitzRoy.

—Señor Darwin, estoy muy disgustado con usted.

—¿Conmigo? ¿Por qué?

—Ha contravenido deliberadamente mis normas.

—¿A qué se refiere?

—Dije bien claro que nadie podía adentrarse en tierra si no iba acompañado, y usted se ha metido solo dentro de la selva.

—Fueron solamente unas pocas horas. No había peligro alguno.

—¡Señor Darwin! No sea ingenuo. El peligro puede surgir en cualquier momento y de la forma más inesperada.

—Perdóneme, capitán. Tiene usted razón. No era mi intención desobedecerlo.

—Y por si fuera poco, iba sin sus armas. Yo estoy al mando de esta expedición y sus vidas están bajo mi responsabilidad. No lo olvide nunca. Yo mando y los demás obedecen. ¿Queda claro?

Aquel tono de autoridad con el que se había expresado el capitán no lo ofendió; al contrario, le agradó comprobar el celo con el que FitzRoy cuidaba de cada una de las personas embarcadas en el *Beagle*.

—Le prometo que nunca más volveré a desobedecerlo, capitán, ni siquiera por descuido. Tiene mi palabra.

—Mejor que sea así, señor Darwin.

El naturalista de Shrewsbury comprendía perfectamente el enojo del capitán. Además de la preocupación por las vidas de su tripulación, el orden y la disciplina en el barco exigían que no hubiera excepciones ni privilegios en el cumplimiento de las normas.

El 18 de marzo la nave hidrográfica abandonó la hermosa ciudad brasileña y se dirigió al archipiélago de Abrolhos para, desde allí, desplazarse a Río de Janeiro, adonde llegaron el 4 de abril. El día 8 emprendió su primera expedición tierra adentro. Había conocido a un caballero inglés que iba a visitar su hacienda, la cual se hallaba a 160 kilómetros de la capital. En total iban siete personas. Después de haber pasado por las típicas montañas de granito que hay en esa zona, que se caracterizan por ser macizas, despobladas de vegetación y escarpadas, llegaron al día siguiente a Mandetiba, en cuya venta, y con una temperatura de 29 ºC a la sombra, tuvieron que albergarse, privados de higiene y comodidades; asimismo, el carácter tan calmado de sus sirvientes, junto con una lentitud desesperante, hacía que Darwin y sus compañeros de expedición tuvieran que poner a prueba su paciencia. La comida era copiosa, pero faltaban algunas de las cosas que más le gustaban a Darwin.

—¿Tienen alguna clase de pescado? —preguntó a uno de los esclavos que los servían.

—*Cá não á d'isso, senhor.*

—Bueno, pues… tráigame carne curada.

—*Não pode ser, senhor, so temos carne fresca.*

Contrariado, Darwin desistió.

—Pues entonces… tráigame lo que tenga, pero con mucho pan, por favor.

—*O senhor quer pão? Não temos pão, nos nunca fazemos.*

Tras abandonar la localidad, la expedición continuó por una hermosa zona de lagos, donde pudo recoger diversos tipos de conchas. Después de caminar durante tres días llegaron a la hacienda de don Manuel Figueireda, en Sossêgo. La llegada de extranjeros a esa zona era tan infrecuente que cuando la visitaba alguno se hacía sonar una campana y se disparaba un cañoncito en señal de bienvenida.

En Sossêgo, como en la mayor parte de esta zona del país, se cultivaba el café y la mandioca. Las hojas y los tallos de esta última sirven de alimento para los caballos, mientras que sus raíces, tras haber sido molidas, prensadas, secadas y tostadas, dan lugar a la *farinha*, que es el principal artículo alimenticio del país. Pero se ha de tener cuidado porque el jugo de esta planta es muy venenoso.

En esa región la exuberante vegetación y la abundancia de animales hacía que los alimentos en la mesa fueran un exceso, tanto que Darwin y sus acompañantes, por educación, se vieron obligados a comer hasta la saciedad, por causa de tener que probar, cortésmente, de todos los platos. El propio Darwin explicó la siguiente anécdota: en una ocasión en la que pensaban que el derroche de generosidad gastronómica ya había acabado en aquel ágape y que lo siguiente sería el postre, al que llegaban con el espacio justo en sus estómagos, descubrieron que todo lo que les habían ofrecido hasta entonces en realidad era considerado por sus anfitriones tan solo como el primer plato.

Durante su estancia en Sossêgo, pese a encontrarse en un entorno natural idílico, Darwin vivió uno de los momentos más desagradables de su viaje, al presenciar cómo un terrateniente quería vender en Río de Janeiro una buena cantidad de esclavos. La situación era dramática, ya que supondría que más de treinta familias perderían para siempre a algunos de sus miembros. Al final no se concretó este despropósito, pero como observaría Darwin, no por motivos piadosos, sino porque se desaconsejó económicamente.

Este incidente daría pie, días más tarde, a la primera discusión seria entre Darwin y FitzRoy; era lógico que así fuera, dadas sus dispares visiones sobre la esclavitud. Darwin le explicó la barbaridad que había contemplado cuando habían estado a punto de romper treinta familias. FitzRoy no se dejó impresionar y para demostrar lo alarmista que era Darwin le contó la experiencia que acababa de vivir en la hacienda de un amigo suyo.

—Yo también he estado en una plantación y la cosa no es tan dramática como la pinta usted.

—¿Ah, no?

—¡No! ¡En absoluto! Mire, un amigo mío es un gran terrateniente y posee muchos esclavos. Pues bien, hace unos días formó un grupo muy numeroso y delante de mí les fue preguntando, uno por uno, si eran felices así o si preferían la libertad. ¿Y sabe qué contestaron todos?

—¿Qué?

—Pues que preferían ser esclavos de un amo como él, antes que hombres libres.

Darwin no pudo contener su indignación.

—¡Bah! ¡Tonterías! —pensó para sí.

—¿Qué le parece, señor Darwin? —preguntó el capitán con aire petulante—. Como puede ver, los esclavos más sensatos prefieren a un buen amo antes que la libertad.

—¿Quiere saber qué es lo que opino realmente, señor FitzRoy?

—Por supuesto.

—¿Qué otra respuesta podría esperarse estando delante de su amo? Lo importante sería saber qué habrían contestado si la pregunta se la hubieran hecho en privado y garantizándoles el anonimato de la respuesta. Seguro que entonces todos habrían elegido la libertad. Además, si tan convencido está su amigo, ¿por qué no les deja elegir verdaderamente entre quedarse como esclavos con él o marcharse como hombres libres?

FitzRoy se sintió profundamente ofendido y, presa de una gran irritación, le dijo, visiblemente alterado:

—¿Es que acaso duda de mis palabras, señor Darwin?

—No es eso, señor FitzRoy —respondió pausadamente el naturalista, como intentando atemperar a su interlocutor—. Simplemente quiero dejar constancia de que si se les pregunta si quieren la libertad o no delante de su amo, es lógico que no respondan con sinceridad por miedo a la represalia.

—Mire, señor Darwin, he de decirle con toda franqueza que me desagrada muchísimo su actitud. Creo que dadas las circunstancias no podemos ser amigos, así que le ruego que abandone el camarote y que no cene ni coma más conmigo.

El capitán FitzRoy estaba muy furioso por lo que consideraba una descortesía y una ingratitud por parte de su invitado. Darwin tuvo suerte, porque la noticia del enfado del capitán corrió como la pólvora por el barco y los oficiales se enteraron enseguida, de modo que decidieron invitar al científico a comer con ellos. Darwin vio tan furioso al capitán que incluso llegó a pensar que se vería obligado a dejar el barco y regresar a Inglaterra. Pero al cabo de unas horas el capitán FitzRoy volvió a dar muestras de su magnanimidad.

—Teniente Wickham.

—Sí, señor.

—¿Podría hacerme un favor?

—Por supuesto, señor.

—¿Podría pedirle al señor Darwin que acepte mis más sinceras disculpas y que tenga la amabilidad de volver a compartir nuevamente mi camarote y de acompañarme durante las comidas?

—Claro que sí, señor.

—Gracias, Wickham —estas últimas palabras las dijo sin el formalismo clásico y con un tono de sincero agradecimiento.

Pero antes de que pasara todo esto y mientras estuvo en Sossêgo, Darwin pudo hacer excursiones por sus alrededores recolectando insectos y deleitándose en la contemplación de aquella inmensa cantidad de árboles altos y delgados, todo ello por hermosos caminos de mimosas. El regreso a Río fue también muy sinuoso. Pese a recorrer una de las principales vías del país, esta era casi intransitable, de tal suerte que por ella no podía circular ningún vehículo con ruedas, salvo las pesadas carretas tiradas por bueyes. No existían puentes de piedra y los de madera no eran de fiar, de modo que había que dar largos rodeos hasta encontrar puntos por los cuales poder vadear los ríos con seguridad. Fue así como el grupo pasó por la alegre aldea de Mãe de Deus, para llegar a Río de Janeiro el 23 de abril.

En una carta escrita a su amigo Henslow el 18 de mayo, Darwin le explicó el impacto que le había causado la sublime grandeza de la selva tropical; también resaltó que su admiración por Humboldt se había vuelto auténtica adoración, y añadió que estaba convencido de haber descubierto algunos géneros nuevos de arácnidos y que cada día la geología se volvía una pasión más irrefrenable. Al llegar a Río alquiló una casa de campo en el barrio de Botafogo, justo al pie del monte Corcovado. Compartía la vivienda con Augustus Earle, con quien iba consolidando una amistad sincera.

—La belleza del Corcovado es indescriptible, ¿verdad? —preguntó Darwin a Earle.

—No hay palabras, Charles. Lo mejor es que lo dibuje. Creo que desde aquí tendré una buena perspectiva.

—¿Qué piensas captar en el grabado?

—La entrada a esa hacienda de ahí, las casas blancas de allí abajo, el carruaje, unas negras porteando mercancía en su cabeza y, cómo no, el Corcovado al fondo.

Sobre este monte se levantaría un siglo más tarde la majestuosa estatua de Cristo Redentor, la cual se convertiría o en el símbolo por el que todo el mundo identificaría la ciudad de Río de Janeiro.

Los dos hombres gustaban de pasear por la rua de São Clemente, que estaba un poco más abajo de donde vivían. Desde ella también se tenía una vista imponente del Corcovado. Una vez llegaban a la bahía de Guanabara podían contemplar el imponente Paõ de Açúcar en el otro extremo de la ensenada.

Un clima tan fértil como aquel producía una sobreabundancia de vida, de modo que un naturalista consagrado a la recolección y a la catalogación, como era Darwin, no podía dar un paso sin tener que detenerse a cada momento para examinar un espécimen nuevo, de modo que decidió concentrarse en los animales invertebrados; pero también se hizo con dos monos y con diversos loritos verdes, típicos de Brasil.

Uno de los días de mayor gozo fue aquel en el que visitó el jardín botánico de Río. En él pudo ver los árboles que producen hierbas aromáticas como el alcanfor, la pimienta, la canela y el clavo. En cuanto a los árboles del pan, la jaca y el mango, podía apreciarse la rivalidad que sostenían por la magnificencia de su follaje. Por lo que respecta a los animales, recogió una buena muestra de insectos, entre los que había varias especies de hormigas y arañas.

8

UN AÑO EN MONTEVIDEO

La mañana del 5 de julio de 1832 el *Beagle* levó anclas y abandonó Río de Janeiro rumbo a Montevideo, la capital de Uruguay, situada en el margen izquierdo del estuario del río de la Plata. Cuando salieron de la bahía de Río de Janeiro fueron vitoreados por los marineros del *HMS Warspite.*

—Menudo barco de guerra —le dijo Darwin con admiración al capitán—. Es un buque imponente.

—Tiene 74 cañones y pesa 1890 toneladas. ¡Casi nada! —comentó FitzRoy en un tono orgulloso.

—Es una nave un poco antigua, pero todavía presta buenos servicios a Su Majestad —intervino Sulivan.

—Lo que no entiendo es por qué nos vitorean —dijo Darwin.

—El protocolo naval reserva los vítores para los navíos que han combatido con éxito contra el enemigo o para los que van a enfrentarse con él... —empezó a explicar el capitán.

—¿Es que vamos a luchar contra alguien? —interrumpió Darwin.

—No, claro que no. Pero vamos a emprender un viaje hacia mares muy peligrosos, estaremos en zonas adonde muy pocas naves se han atrevido a ir.

—¿Vamos a navegar por mares tan peligrosos que es como entablar combate?

—Bastante parecido… Pero no se asuste, señor Darwin. Yo he estado en esos lugares y sé cuáles son los riesgos que podemos correr y cuáles no.

—La experiencia es muy importante para navegar por las aguas de Tierra del Fuego y el capitán tal vez sea el marino británico que mejor conoce aquellas costas —aclaró Wickham, con el ánimo de tranquilizar a Darwin.

Durante la travesía hacia Montevideo los ocupantes del *Beagle* pudieron contemplar el espectáculo fascinante que les ofrecían las marsopas. Como el barco viaja a nueve nudos por hora, fueron alcanzados por un gran banco de estos cetáceos. Al adelantar al navío lo rodearon por ambos flancos, de tal suerte que muchas de ellas se cruzaban a placer por delante de la proa.

Una vez hubieron llegado al estuario de la Plata, el mar siguió ofreciendo sorpresas. La primera noche una gran cantidad de focas y pingüinos los envolvieron, ensordeciéndolos con sus extraños ruidos. La segunda noche fue el *summum*, ya que pudieron ser testigos de las fosforescencias marítimas y del llamado fuego de San Telmo, es decir, de las llamaradas que se producían en los topes y las puntas de las vergas de las que pendían las velas.

Dentro del estuario y mientras se dirigían a Montevideo, a cuyo puerto llegaron el 26 de julio de 1832, Darwin pudo observar cómo se mezclaban las aguas del río de la Plata con las del Atlántico; las primeras, con menos densidad, depositaban las partículas de limo sobre las aguas más saladas del océano, confiriéndoles un color más bien marrón y que distaba mucho del que caracteriza al mineral que da nombre al estuario. El *Beagle* había llegado a la zona en la que debería cumplir su misión principal: elaborar una cartografía hidrográfica de las costas del extremo meridional del continente americano. En esta tarea se aplicaron durante los dos años siguientes.

Fue en estas aguas donde se produjo un peligroso incidente que confirmó la confianza que tenían todos en el capitán al demostrar este su valentía y su capacidad para dominar situaciones difíciles. Tras una breve escala en Montevideo, FitzRoy decidió hacer una visita a Buenos Aires, justo al otro lado del estuario del río de la Plata. Durante el trayecto se topó con un guardacostas argentino.

—Está haciendo una maniobra extraña —dijo el primer teniente Wickham al capitán.

—No deje de observarlo, teniente —repuso este.

Pocos instantes después los argentinos efectuaban un disparo de aviso.

—¿Qué demonios significa esa señal? —exclamó el segundo teniente del navío.

—No lo sé, teniente Sulivan —contestó el capitán.

—¿Qué hacemos, señor? —preguntó Wickham.

—Desplegar todas las velas y seguir rumbo a Buenos Aires.

Pero un segundo disparo alarmó a los ocupantes del *Beagle*. Esta vez era algo mucho más serio. El proyectil pasó por encima de la jarcia (el conjunto de cables que controlaban los palos y las velas del buque), para caer al otro costado de la nave.

—¡Maldita sea! —exclamó FitzRoy, y se puso a impartir las órdenes que les permitieron alejarse del alcance de las armas del barco argentino.

Pocos minutos después llegaban al puerto de Buenos Aires sin más contratiempos. Una vez en la capital las autoridades les dijeron lo mismo que en Tenerife. Tenían que hacer una cuarentena por causa del brote de cólera detectado en Londres.

—¡Pero si ya han pasado siete meses desde que salimos! —dijo FitzRoy con voz firme y semblante visiblemente molesto.

—Ya les he dicho eso mismo —remarcó Darwin, que volvía a hacer de traductor.

—¿Y? —inquirió FitzRoy.

—Nada, capitán…, no hay manera de que cedan.

—Da igual, déjelo. Nos volvemos a Montevideo.

Desentendiéndose de los emisarios del gobernador, se giró hacia su segundo y le dijo:

—Wickham, dispóngalo todo para la partida, nos vamos a Montevideo.

—¿Y el guardacostas?

—Dé la orden de preparar los cañones de estribor. Si quieren diversión, la tendrán.

—¡A sus órdenes, señor!

—Darwin…

—Sí, capitán.

—Hágame el favor de decirles a esa panda —refiriéndose a la tripulación del guardacostas— que si vuelven a dispararnos desde su cascarón les responderemos con una andanada por cada disparo que nos hayan hecho.

Al llegar a Montevideo, FitzRoy se presentó ante el capitán de la fragata *HMS Druid* para explicarle lo sucedido. La fragata zarpó de inmediato rumbo a Buenos Aires para exigir una explicación. La pequeña embarcación que custodiaba la entrada al puerto de la capital no osó desafiar el poderío del buque inglés y el capitán pudo llegar a puerto sin problema alguno.

Las autoridades se excusaron y le pidieron que le dijera al capitán del *Beagle* que sus hombres podían estar en Buenos Aires tanto tiempo como quisieran. Pero mientras el *Druid* hacía sus gestiones, en Montevideo se precipitaban los acontecimientos. FitzRoy estaba en el puerto de la capital uruguaya esperando el regreso de la fragata cuando el gobernador en persona se presentó para pedirle ayuda.

—¿Qué es lo que quiere, Darwin?

—Nos pide ayuda, capitán.

—¿Ayuda?

—Sí.

—¿Qué clase de ayuda?

—Dice que hay revueltas en varios sitios de la ciudad y que necesitarían un retén de marinos del *Beagle* para poder disuadir a los insurgentes de que asalten aquel fuerte de allí y se hagan con las armas. Solo será un día. Mañana llegarán refuerzos del interior y ya no será necesario que nos tengamos que arriesgar.

—Está bien, dígale que dispondré una guardia de cincuenta hombres armados, pero dígale también que solo estaremos veinticuatro horas en ese fuerte.

—De acuerdo, capitán.

—¡Ah! Y dígales también que no me hago responsable de lo que pueda pasar si hemos de disparar sobre alguien que decida asaltarnos.

Poco después los hombres del *Beagle* marchaban por las calles de la ciudad con FitzRoy al frente. Iban perfectamente uniformados y en formación cerrada. Entre ellos estaba Darwin. Destacaba por ser el único que vestía de paisano. Llevaba las pistolas cruzadas en el cinturón y blandía un sable en la mano. Una imagen muy extraña en un científico. Ante una actitud tan intimidatoria, la multitud decidió retirarse, se despejaron las plazas y, por fortuna, no hubo que disparar contra nadie.

Este incidente en el que se vio envuelto le causó gran excitación. No cabía duda de que era algo emocionante y arriesgado, pero también es cierto que les hacía perder el tiempo y los alejaba de su misión. Este acontecimiento le permitió a Darwin darse cuenta de la inestabilidad política que había en aquella zona de Sudamérica en esa época, incluso en las partes más civilizadas. Al fin y al cabo, hacía muy pocos años que estos países se habían independizado de las coronas de España y Portugal, por lo que todavía estaban definiendo sus propias instituciones de gobierno, y las luchas entre las facciones que querían ostentar el poder aún estaban en marcha.

Mientras la tripulación se aplicaba con denuedo a realizar su tarea, Darwin aprovechó aquellos meses para hacer un buen número de expediciones por tierra. La primera de ellas fue a la ciudad de Maldonado, en el extremo septentrional del estuario, muy cerca de la costa atlántica. Es una ciudad pequeña y tranquila, con una geografía urbana ortogonal, en la que las calles se cortan en ángulo recto.

Su estancia en Maldonado se prolongó diez semanas, en las cuales se hizo con una buena colección de cuadrúpedos, aves y reptiles. Durante la excursión que realizó por el río Polanco, unos 100 kilómetros al norte de Maldonado, al llegar a una aldea para pernoctar pudo darse cuenta inmediatamente de la curiosidad que despertaban algunos de sus instrumentos, tales como la brújula. Aquella noche mucha gente se le acercó con un mapa para que les enseñara, ayudados de ese artilugio, a identificar las direcciones que se tenían que tomar para ir a ciertas zonas. Incluso una joven que estaba enferma en cama pidió que le llevaran a su casa a Darwin para que le enseñara la brújula. Cuando por fin se retiraron a descansar, uno de sus acompañantes le dijo:

—Parece que se ha hecho usted muy popular entre esta gente. ¿No está contento?

—Lo que estoy es perplejo. Mire, en una casa me han preguntado qué es lo que se mueve, si la Tierra o el Sol; en otra, si en el norte hace más frío o más calor que en el sur, y en otra, que dónde está España. Para unos, Londres es un sitio distinto a Norteamérica, pero que está muy cerca, mientras que para otros Inglaterra es una ciudad de Londres. ¿Cómo puede ser posible que unas personas que tienen unas fincas tan extensas y que poseen tantas cabezas de ganado puedan ser tan ignorantes?

—No lo sé, señor Darwin. ¿A qué lo achaca usted?

—Creo que es debido a los pocos extranjeros que visitan estas tierras. No se me ocurre otra explicación.

Durante esta expedición fue cuando Darwin tomó contacto por primera vez con los gauchos. Se trataba de unos campesinos y ganaderos de aspecto rudo, pero generosos y amables, que vestían atuendos llamativos por sus vistosos colores, así como por los cuchillos que iban sujetos a su cintura o por las espuelas que resonaban en sus talones al caminar. Su tez morena solía exhibir un bigote notorio y estaba tocada por una larga cabellera negra y rizada. Su carácter noble no impedía que fueran un tanto altivos, por el orgullo que les producía saberse especialmente hábiles para la doma de caballos salvajes y por la destreza que los singularizaba en el uso de las tres bolas metálicas unidas entre sí por una cinta de cuero que usaban como arma para cazar. Practicando con este artilugio, Darwin logró arrancar unas buenas carcajadas a un grupo de gauchos cuando vieron cómo una de las bolas que giraba sobre la cabeza del naturalista se golpeaba contra una rama e iba a enrollarse a la pata de su caballo. Entre risas estridentes los gauchos le dijeron:

—Hemos visto cazar animales de todo tipo, pero nunca habíamos visto a un humano cazarse a sí mismo.

Por fortuna, el caballo de Darwin era viejo, de modo que no se asustó; de haberlo hecho, es muy posible que se hubiera puesto a cocear al vacío o que hubiera arrancado una galopada en señal de huida, lo que habría acabado con el científico inglés por los suelos. Sin embargo, para cazar las perdices de la zona no se necesitaba mucha sofisticación, porque, para asombro de Darwin, eran extremadamente inocentes, no como las de Inglaterra, de modo que incluso un muchacho podía hacerse con treinta o cuarenta en poco tiempo.

La estancia en Maldonado le permitió enriquecer su colección de animales con algunos cuadrúpedos, ochenta especies nuevas de aves y otras tantas de roedores, así como muchos reptiles, incluyendo nueve especies de culebras. Entre los grandes mamíferos ya solo quedaba el ciervo campestre cuando llegó Darwin. El macho de esta especie despide un olor tan desagradable que el propio naturalista confesó que estuvo a punto de desmayarse varias veces por causa de las náuseas mientras degollaba el ejemplar que acabaría en el Museo Zoológico de Londres. Estos animales presentaban una peculiaridad: como nadie va a pie por esas tierras, solo ven peligro en el hombre cuando lo divisan montado a caballo y con sus bolas, pero Darwin se acercaba a ellos reptando por el suelo y se quedaba perplejo al comprobar que cuando lo detectaban se acercaban a husmearlo, no huyendo ni siquiera cuando les disparaba con la escopeta.

El 24 de julio de 1833, casi un año después de su llegada al estuario de la Plata, y tras haber realizado sus labores de exploración hidrográfica, el *Beagle* abandonó Maldonado y se dirigió al sur para recalar frente a la desembocadura del río Negro, situado unos 480 kilómetros al sur del estuario de la Plata. Es el río más grande de los que desembocan en el Atlántico entre Tierra del Fuego y el citado estuario.

9

PATAGONIA. LA TIERRA DE LOS GIGANTES

Cuando llegaron a la desembocadura del Río Negro lo primero que le llamó la atención a Darwin fue lo pobre que era la vegetación del territorio circundante. La anchura del río era de unos 200 o 300 metros. El agua potable era muy escasa en la zona y la poca que había contenía un nivel de sal superior al habitual. En ese paraje tan inhóspito el naturalista se hospedó en Villa El Carmen, donde los habitantes le contaron los dos últimos ataques que habían sufrido por parte de indios araucanos.

Las primeras excursiones que hizo fueron a unos lagos salados que había en las proximidades, pero bien pronto planeó un proyecto mucho más ambicioso. Dado que el *Beagle* remontaría unos 130 kilómetros de costa hacia el norte, hasta la desembocadura del río Colorado, Darwin pensó que podría hacer el trayecto por tierra, para llegar hasta la colonia española de Bahía Blanca, que había sido establecida recientemente. Posteriormente, y mientras el navío realizaba sus labores hidrográficas, aprovecharía para llegar hasta Buenos Aires. El 11 de agosto inició ese viaje.

Iba acompañado por unos gauchos y por el grumete Syms Covington, un joven de dieciséis años que era el criado del camarote de popa y el violinista de la tripulación. El excesivo trabajo que tenía Darwin había acabado obligándolo a escribir a su padre pidiéndole permiso para contratar a un ayudante.

«Hace ya días que llegamos a la Patagonia. La travesía se ha hecho sin problema alguno, pero el trabajo que tengo es cada día mayor y no doy abasto. Le rogaría que, por favor, me permitiera contratar a un ayudante. He calculado que el coste no pasaría de 60 libras al año.»

Su padre se lo concedió y Darwin eligió a Covington, a quien enseñó a capturar y disecar pájaros, así como a empaquetar cuidadosamente las muestras que posteriormente serían enviadas a Henslow. En definitiva, se trataba de una gran ayuda que liberaba a Darwin de ciertos trabajos mecánicos y le permitía disponer de más tiempo para tareas delicadas que requerían mucha concentración, como pudiera ser el caso de una minuciosa descripción de las muestras, así como el de una adecuada clasificación.

—Fíjese —le dijo Darwin al joven grumete—, es invierno y mire qué aspecto más triste tiene el camino.

—Es cierto. Desde luego, no hay mucha vegetación —puntualizó su interlocutor.

—Llueve muy poco. No hemos encontrado en todo el trayecto más que dos miserables pozos. Se supone que estamos en la estación de las lluvias y que el agua debería de ser dulce; pues bien, ya ve que no. Hay poca, y para colmo, salobre.

—La verdad es que el tema del agua es desesperante. En enero o febrero esto ha de ser insufrible —recordó Covington, haciendo referencia al hecho de que en el hemisferio austral el verano transcurría en esas fechas.

Un par de jornadas más y las cosas cambiaron notoriamente. Ante ellos se abrió una pradera verde que delataba la proximidad del río Colorado. Lo cruzaron por su punto más estrecho, tan solo 60 metros, pero no fue fácil vadearlo. Una vez hubieron llegado al campamento del general Rosas, Darwin se encontró con una mezcolanza de carromatos, cañones y chozas de paja, todo ello dispuesto en forma de cuadrado.

—El general quiere verlo —le dijo a Darwin un soldado de aspecto poco ortodoxo.

—Dígale al general Rosas que para mí es todo un honor que me quiera recibir. —Y así era, dado el gran prestigio del que gozaba el militar argentino.

Rosas era un hombre muy rico, pero extremadamente sobrio. Había logrado imponer el orden y la disciplina entre una tropa propensa a las peleas, algunas de las cuales podían acabar con la muerte de alguien. Gracias a sus dotes de liderazgo, los hombres lo seguían con gran fe, de modo que lograron reducir mucho los ataques de los indios entre Río Negro y Buenos Aires; eso sí, siguiendo una política de exterminio de los indígenas.

—Todos los soldados que estamos bajo su mando lo respetamos mucho. Es un hombre justo y para nosotros esto es muy importante. Sin justicia no se puede vivir en estas tierras —le dijo un soldado a Darwin.

—Imagino.

—Fíjese si es justo que un día él mismo se encarceló al no cumplir con uno de los preceptos que había impuesto. Y no lo hizo por mala fe, sino por descuido.

—¡Caramba! Eso sí que es poco frecuente.

A Darwin le picó la curiosidad y por eso le preguntó al soldado:

—¿Qué pasó exactamente?

—Como los domingos la gente jugaba a las cartas y se emborrachaba, el general prohibió que fueran armados con sus cuchillos porque muchas veces las peleas acaban con la muerte de alguien.

—¿Y qué hizo el general para ir a la cárcel?

—Un domingo el gobernador de Buenos Aires, acompañado de un séquito pomposo, vino a visitar nuestro campamento; Rosas se vistió apresuradamente y salió a recibirlo. Cuando estaba hablando con el gobernador, un asistente del general le hizo notar que se había puesto el cinturón con el cuchillo; Rosas se lo quitó de inmediato y le dijo al gobernador que, sintiéndolo mucho, debía ir a la cárcel durante el tiempo prescrito por la ley.

Cosas de este estilo hacían que fuera aceptado como el líder indiscutible de aquella tropa.

Darwin y Rosas estuvieron conversando durante horas, tras lo cual se retiraron a descansar. A la mañana siguiente el naturalista reemprendió su marcha hacia Bahía Blanca, adonde llegaría un par de días después.

—Creo que esto no merece ni el nombre de aldea —le dijo Darwin a Syms cuando llegaron a lo que se suponía que debía ser un pueblo importante.

—Solo es un puñado de casas —observó el grumete.

Todas ellas estaban próximas a unos barracones protegidos por un muro y en los que se albergaba la tropa. La ciudad había sido fundada en 1828, es decir, cuatro años antes de que Darwin llegara, y debía haberse llamado ciudad Belgrano, en honor al general Belgrano, fallecido el año anterior a la fundación de la ciudad. Sin embargo, el nombre que prevalecería sería el que tomó de su ensenada o bahía, llamada Blanca por causa de los depósitos de sales cristalizadas que cubrían, y aún siguen haciéndolo en la actualidad, la orilla al retirarse la marea. Hoy se trata de una ciudad próspera cuyo puerto es uno de los principales desde los que Argentina se dedica a hacer sus exportaciones.

—Lo primero que hemos de hacer es ir al encuentro del *Beagle* —dijo el naturalista.

—Me parece muy bien, señor Darwin —contestó Covington.

—Así pues, nos dirigiremos hacia la costa.

Al llegar a la playa se llevaron una gran sorpresa.

—Pero ¿qué es esto? —exclamó Darwin.

—¿Dónde está el puerto? —preguntó Covington.

—No lo entiendo. De verdad que no lo entiendo.

—¿Por qué no les preguntamos a aquellos pescadores? Seguro que ellos nos podrán orientar.

Darwin se acercó a unos hombres que estaban preparando unas redes y les preguntó por el puerto.

—Por favor, señores, ¿podrían decirnos dónde está el puerto?

—Está un poco lejos de aquí… Hacia el norte —le contestaron.

—¿Lejos? ¿A qué distancia más o menos?

—Unos 40 kilómetros.

Darwin se quedó de una pieza.

—Pues ya ve, Syms, creo que nuestra excursión no ha terminado todavía.

—No le demos más vueltas, señor Darwin. Pongámonos en camino y lleguemos cuanto antes.

Lo que no sabían era que el trayecto se hacía por un terreno extremadamente árido y sin fuentes de agua. Antes de ponerse en marcha tuvieron que acreditarse ante el comandante, del que obtuvieron un guía y caballos para dirigirse al encuentro del navío. Pensaban que al llegar encontrarían el *Beagle*, pero descubrieron que todavía no había llegado.

—¿Y ahora qué hacemos, señor Darwin?

—Aquí no podemos quedarnos. No sabemos cuánto tardará en llegar el *Beagle*.

—Entonces, ¿volvemos a Bahía Blanca?

—Sí, y mejor que nos demos prisa, porque no tardará en caer la noche.

Este ir y venir supuso veinte horas de marcha, la mayoría de ellas bajo un sol abrasador y con poca agua, de modo que Darwin se deshidrató y pasó varios días muy mal.

El *Beagle* llegó a Bahía Blanca el 24 de agosto. Estuvo allí solamente una semana, el tiempo justo para que Darwin se recuperara, y partió nuevamente hacia el estuario de la Plata. Darwin aprovechó para pedir permiso al capitán FitzRoy para hacer por tierra el viaje hasta Buenos Aires. El trayecto entre Bahía Blanca y la capital de Argentina era sumamente prometedor. Los gauchos le habían contado al naturalista que en esa zona se habían descubierto huesos de un tamaño increíble. Estaban seguros de que pertenecían a gigantes que habían poblado la zona en otros tiempos. Darwin, lógicamente, no se creía esas historias, pero sabía que con anterioridad se habían encontrado por allí huesos de animales enormes.

Durante unas expediciones en torno a Bahía Blanca en busca de fósiles, la buena fortuna sonrió a Darwin, pues logró desenterrar un buen número de ellos, entre los que destacaban huesos de tres cráneos de *Megatherium*, una especie de perezoso prehistórico gigante que de pie podía llegar a alcanzar los 6 metros de altura.

—Dios santo. ¡Nunca había visto nada igual! —exclamó Covington con un tono de profunda admiración.

—El primer ejemplar lo encontró un cura español, fray Manuel de Torres —le comentó Darwin.

—¿En esta misma zona?

—No. Fue un poco más al norte, cerca del río Luján.

—¿Aún se conservan esos fósiles?

—Sí. En 1789 el gobernador de Buenos Aires los mandó a España. Se trata del primer esqueleto fósil que fue exhibido montado en la posición que debía de tener el animal vivo.

Darwin también encontró huesos de *Megalonyx*, un animal similar al *Megatherium*, así como el armazón de un armadillo gigante y el colmillo de un mastodonte. Pero eso no es todo, pues pudo recuperar el esqueleto casi completo de un *Scelidotherium*, un mamífero herbívoro de tres metros y medio de largo. También descubrió huesos de *Mylodon*, un género estrechamente relacionado con los anteriores, pero un poco más pequeño; el paleontólogo Richard Owen, que recibía los fósiles, decidió rendirle tributo a Darwin y nombró una nueva especie en 1840 con el nombre de *Mylodon darwinii.*

Unas semanas más tarde, y estando más al sur, Darwin encontró un nuevo animal parecido al avestruz que años después acabaría recibiendo también su nombre: *Rhea darwinii.* Volviendo a los gigantes de la Patagonia, otro de los hallazgos fue un diente de *Macrauchuenia*, un animal de cuello largo como el del camello. Pero los especímenes más exóticos eran los de *Toxodon*, un extraño animal del tamaño de un paquidermo pero con una estructura dental que lo emparentaba con los roedores.

Darwin había hecho todos estos hallazgos, y otros más, en una pequeña superficie de tan solo 200 metros cuadrados. Su ayudante, el señor Covington, le preguntó sorprendido:

—¿Cómo es posible que haya tantos animales en tan poco espacio?

La respuesta del naturalista fue bien sencilla.

—Querido Syms, resulta evidente que hubo una época en la que estas tierras estuvieron densamente habitadas por todos estos géneros de animales gigantes. Seguro que si tuviéramos más tiempo y excaváramos por otras zonas encontraríamos muchos más.

Al estudiar la fauna marina coetánea de estos fósiles, Darwin pudo inferir que cuando existieron estos gigantes, los mares estaban poblados por las mismas especies que podemos observar hoy en día. Pero lo más admirable es que esta fauna guardaba cierta similitud con otra análoga de América del Norte, y esta, a su vez, con la encontrada en Siberia.

—¿Sabe lo que opino sobre esto, Syms?

—No.

—Creo que muchos animales debieron de pasar desde el Viejo Continente hasta Norteamérica a través del estrecho de Bering en algún momento en el que este estaba emergido y dibujaba un puente de tierra entre Siberia y Alaska.

—Un istmo.

—Exacto, Covington... Luego poblarían América del Norte para pasar después al sur, acabando por extinguirse.

Con el tiempo se sabría que Darwin no andaba muy desencaminado al proponer explicaciones de este tipo.

El 8 de septiembre dejó definitivamente atrás Bahía Blanca y se encaminó hacia Buenos Aires, situada unos 600 kilómetros al norte. Entre ambas se extendía entonces un terreno desértico. El camino estaba jalonado por postas en las que podían dejar los caballos que llevaban y tomar otros de refresco y pernoctar. El 20 de septiembre el pequeño grupo llegaba a las afueras de Buenos Aires.

10

EL GOLPE DE ESTADO

Darwin aprovechaba muy bien el tiempo. Solía planificar el trabajo y de esta forma no pasaba ni un solo día sin hacer algo de provecho. En cuanto llegó a Buenos Aires, lo primero que hizo fue empezar a preparar su siguiente excursión. Para ello se dirigió a caballo hasta la casa del señor Lumb, un comerciante inglés que lo proveería del material necesario. Por entonces, Buenos Aires ya era una gran urbe. A Darwin le impresionó mucho su urbanismo, pues el trazado de las calles era perfectamente regular, ya que se cortaban todas ellas en ángulo recto. Las casas formaban manzanas llamadas cuadras y todas ellas daban a patios interiores. No solían tener más de un piso y en la azotea los vecinos acostumbraban a tomar el sol en verano. En el centro de la ciudad estaban los edificios gubernamentales, la fortaleza, la catedral y los palacios en los que habían vivido los antiguos virreyes españoles.

Al caer la tarde, Darwin volvió a su alojamiento. Allí lo esperaba Syms Covington, que, al verlo tan cargado, le dijo:

—Lo veo muy activo, señor Darwin. Viaje a la vista, ¿verdad?

—En efecto, Covington. Nos vamos a Santa Fe.

—¿Dónde está esa ciudad?

—Al norte. Remontaremos el río Paraná.

—¿Y a qué distancia está de aquí?

—A unos 480 kilómetros.

—Entonces debemos prepararnos bien.

—Sí. De todos modos, pasaremos unos días en la ciudad de Luján y allí nos aprovisionaremos de nuevo.

—¿Luján? ¿No es la zona donde aquel cura español encontró unos fósiles que fueron enviados a Europa?

—Tiene buena memoria, Syms. En efecto, fue en esa zona.

El 5 de octubre el pequeño grupo cruzó el río Paraná y se dirigió a la provincia de Entre Ríos. Allí fueron a visitar a un anciano catalán que los recibió con mucha hospitalidad. Los días siguientes los pasaron navegando en una balandra (una barcaza de un solo mástil) por el río Paraná. Durante sus trabajos en la zona, Darwin pudo encontrar algunos fósiles de interés, pero los más importantes estaban en mal estado y no se los llevó.

El regreso a Buenos Aires fue mucho más complicado de lo previsto. Al llegar a la ciudad de Las Conchas se encontró prácticamente confinado en ella. No podía proseguir por tierra y tampoco era posible embarcar. La situación era desesperante.

—No sé cómo vamos a poder salir de aquí —le dijo Darwin a Syms Covington.

—Esto no pinta nada bien.

—Lo único que se me ocurre es ir a hablar mañana con el comandante de los rebeldes, a ver si nos deja marchar.

—Tendrá que ser muy persuasivo, señor Darwin, porque no sabemos cuánto va a poder esperarnos el *Beagle*.

Al día siguiente, Darwin se entrevistó con el jefe de la tropa.

—Mire usted, don Carlos, yo no puedo hacer nada. Tiene que hablar con el general Rolor. Él es el único que puede autorizar su marcha —le comentó el comandante de la guarnición.

—¿Y dónde está el general?

—En su campamento. Unos 15 kilómetros al sur de aquí.

—¿Podría verlo esta tarde?

—No se lo aconsejo. Mejor mañana, temprano.

A la mañana siguiente, Darwin se acercó al campamento del general Rolor montado a caballo.

—Traigo un visado del comandante de Las Conchas para ver al general Rolor —le dijo a un soldado con no muy buen aspecto y que vestía un uniforme variopinto.

El soldado cogió el papel, lo leyó y le contestó con voz cortante:

—¡Espere aquí!

Dio media vuelta con el salvoconducto en la mano y desapareció entre las tiendas del campamento. Al poco, regresó con un aire más humilde y un tono más cordial.

—El general Rolor ha dicho que lo lleve hasta su tienda, señor. Sígame, por favor.

Una vez en la tienda del general, este lo atendió con suma amabilidad.

—De modo que quieren ir hasta Buenos Aires.

—Sí, señor.

—Comprendo lo que me dice usted, señor Darwin, pero también ha de entender que esto es una revolución y que nos ha de afectar a todos de un modo u otro.

—Claro que sí, general. Pero es que mi ayudante y yo hemos de embarcar en el *Beagle*, un buque de Su Majestad. El barco no puede esperarnos indefinidamente.

—Es muy arriesgado ir a Buenos Aires, don Carlos. Está sitiada por todas partes. Cada día hay varios muertos por causa de las escaramuzas entre las patrullas.

—Lo sé, pero aun así, ¿no podría facilitarnos un salvoconducto para entrar en la ciudad?

—Claro que podría. Pero ¿y si les pasa algo? El responsable sería yo. Imagine que decidimos atacar y durante el asalto alguno de ustedes muere o resulta herido. Esto podría ocasionar un conflicto con su Gobierno.

—Si nos da el salvoconducto, nosotros firmaremos un documento conforme nos hacemos totalmente responsables de lo que nos pueda pasar, exonerándolo explícitamente de cualquier responsabilidad a usted y a sus tropas.

—De acuerdo. Entonces hagámoslo así.

Rolor les firmó el salvoconducto que les permitiría llegar hasta la ciudad de Quilmes. Allí tendrían que entrevistarse con el capitán de la guarnición para que fuera este el que les indicara el camino más seguro para entrar en Buenos Aires.

En Quilmes también fueron atendidos de forma exquisita, pero les comunicaron que era absolutamente imposible entrar en la capital. La angustia consumía a Darwin, pero se le ocurrió una idea. Podría ser la solución, pero si la cosa no salía bien podría acabar con su arresto. De un modo hábil fue conduciendo la conversación de tal manera que acabó explicando que era amigo personal del general Rosas y que había estado con él recientemente en Colorado. Todo cambió radicalmente, el capitán se emocionó y le pidió que le contara cosas del general. Darwin comprendió que había tocado la tecla adecuada y se explayó rememorando las historias que le había contado la tropa. No solo obtuvo un salvoconducto, sino que fue escoltado hasta las mismas puertas de la ciudad.

Una vez dentro, la situación era crítica. La ciudad estaba en estado de sitio y no llegaban suministros. Los alimentos escaseaban y los encargados de la defensa empezaban a flaquear. ¿Cuánto tiempo más podrían resistir así? Sin alimentos, seguro que no mucho.

Durante aquellos días Darwin descubrió que Rosas era uno de los cabecillas del levantamiento, aunque un tanto involuntariamente. Setenta hombres se habían amotinado unas semanas antes y, al grito de «¡Viva el general Rosas!», habían puesto al país en armas. Al final, Rosas decidió secundar el golpe de Estado y acabó entrando en Buenos Aires en calidad de gobernador con poderes especiales, muchos más de los que confería la Constitución al presidente. Así que Darwin podía jactarse de ser amigo del hombre más poderoso de Argentina en aquellos momentos.

Pero el ánimo de Charles no estaba como para ufanarse con esa clase de sentimientos. Los días iban pasando y el *Beagle* no aparecía por ninguna parte. ¿Se habría ido ya hacía el extremo sur del continente? Si era así, Darwin podría pasarse varios meses recluido en un Buenos Aires revuelto que incluso podría ser un campo de batalla.

Como la situación podía resultar sumamente convulsa y quizá no pudiera regresar al *Beagle*, Darwin decidió embarcar en Buenos Aires en un paquebote para trasladarse nuevamente a Montevideo. Una vez hubo llegado a la capital uruguaya recobró la tranquilidad al saber que el buque del capitán FitzRoy estaba haciendo relevamientos hidrográficos por la zona y tardaría un tiempo en zarpar, por lo que aprovechó para organizar una nueva expedición. Así, el 14 de noviembre partió hacia la colonia de Sacramento, frente a Buenos Aires, pero en la otra orilla del estuario.

El 6 de diciembre de 1832 el *Beagle* abandonó definitivamente las aguas del estuario de la Plata para dirigirse nuevamente a la Patagonia y después a Tierra del Fuego. El viaje de Darwin entraba en una nueva fase.

11

EN TIERRA DEL FUEGO

Había llegado el momento de dirigirse al extremo sur de América para cartografiar las costas de la zona y para devolver a los fueguinos a su tierra. Durante el trayecto de Montevideo a Tierra del Fuego pudo analizar algunos de los fósiles más pequeños que llevaba consigo, sobre todo dientes. Había embalado los grandes en cajas y los había facturado a Inglaterra en barcos que salían del puerto uruguayo. Las cajas iban acompañadas de varias cartas para Henslow en las que le explicaba dónde los había encontrado.

Darwin se daba cuenta de que estaba ante los restos de criaturas gigantes que habían existido hacía miles de años, quizá millones, pero que tenían un cierto parecido con las especies de tamaño más reducido actualmente existentes en la zona. Esta situación dio pie a otro roce con FitzRoy.

—Vi cajas enormes en Montevideo. ¿Qué había en ellos? —preguntó el capitán.

—Entre otras cosas, huesos fosilizados de un perezoso gigante, de una especie de hipopótamo también enorme y de algo parecido a un armadillo, pero descomunal.

—¿Animales gigantes que se extinguieron hace millones de años? ¡Son una prueba del diluvio universal!

—Me parece que no, capitán.

—¿Cómo que no?

—No creo que la tierra en la que habitaban se inundara, más bien parece que emergió.

—¡Tonterías! Usted mismo me dijo que había encontrado conchas y otros restos de animales marinos cerca de ellos.

—Pero no creo que fuera por causa de un diluvio.

—¿Ah, no? ¿Y por qué no? ¿Acaso no cree usted en el diluvio universal?

—No estoy diciendo eso, lo único que pretendo decir es que no me parece que tenga mucho sentido que Dios cree unos animales tan grandes para luego abandonarlos a su suerte y exterminarlos con un diluvio que envía por causa de los pecados del hombre.

—Me desconcierta, Darwin. A veces no sé qué pensar de usted.

Las discrepancias venían por el hecho de que FitzRoy hacía una interpretación literal de todo lo que se explica en la Biblia. Darwin, por su parte, no pretendía negar las verdades de la Biblia, ni mucho menos, pero tampoco aceptaba una interpretación literal de todos sus contenidos. Creía que algunas de las cosas que se relataban en los libros sagrados eran alegorías o metáforas que pretendían dar una enseñanza moral, pero que no se debían interpretar al pie de la letra, sino a la luz de los nuevos descubrimientos que iba haciendo la ciencia.

De la personalidad del capitán, lo que más le chocaba a Darwin era que a pesar de tener un profundo y sincero sentimiento religioso se mostrara ferviente partidario de la esclavitud.

En mitad de la conversación entre el capitán y Darwin intervino York Minster.

—Yo estuve allí.

—¿Cómo dice? —preguntó Darwin sin entender a qué se refería el señor Minster.

—Que yo vi el diluvio universal —suspiró Minster.

Darwin pensó que Minster estaba bromeando. Pero la reacción tan airada que tuvo el capitán le hizo entender que lo estaba diciendo en serio y que no era la primera vez que decía eso mismo.

—¡York! Te he dicho mil veces que no digas esas cosas. Mentir es uno de los pecados más graves.

—Yo no miento. Vi el diluvio.

—No le haga caso, señor Darwin. Tiene la manía de decir que él estuvo presente cuando se produjo el diluvio.

—¿Y no entiende que eso pasó mucho antes de que naciera?

—No hay manera. Llevo más de tres años intentando quitarle esa idea de la cabeza y no hay forma.

—Bueno… Tampoco tiene mucha importancia, ¿no?

—Se equivoca, Darwin. Con la mentira no hay que hacer ni la concesión más ligera.

Las creencias religiosas de FitzRoy lo habían llevado a cristianizar a los fueguinos y a enseñarles, también, todos los refinamientos de la sociedad británica de la época. Ahora tenía planes para ellos. Cuando estaban llegando al lugar donde iban a dejarlos se sinceró con Darwin y se los contó:

—Ellos serán la luz que iluminará a esos salvajes. Les trasmitirán los valores religiosos y morales que yo les he enseñado y los civilizarán. Dentro de unos meses seguro que ya habrán convertido a mucha gente.

—No conozco a estos indígenas, pero supongo que no ha de ser fácil hacer adoptar una nueva religión a una comunidad en poco tiempo.

—El reverendo Matthews se encargará de todo.

—Deberá ganarse la confianza de la gente. Aun así, veo difícil hacer cambiar el estilo de vida y la mentalidad de tanta gente en tan pocos meses.

—No sea pesimista, Darwin.

Al llegar a Tierra del Fuego, el *Beagle* se internó en el estrecho de Magallanes en busca de la bahía de Wulaia, que era el lugar exacto donde FitzRoy había tomado a los fueguinos unos años antes. Lo primero que hicieron nada más desembarcar fue construir unas cabañas sencillas (pero todo un lujo en aquellas tierras) para Jemmy Button, York Minster y Fuegia Basket, en espera de que fueran apareciendo en sus canoas los habitantes de la zona. Los fueguinos no tenían una residencia fija, eran nómadas que se desplazaban de un lugar a otro de la costa en sus botes.

—Lo que no entiendo, capitán, es por qué llaman Tierra del Fuego a estos territorios.

—No se preocupe, lo comprenderá enseguida, Darwin. En cuanto anochezca lo entenderá perfectamente.

Y así fue. En cuanto cayó la noche Darwin se quedó sorprendido al ver cómo aparecían muchos puntos luminosos en la oscuridad. Era algo inconfundible. No había visto a nadie en todo el día, pero aquellas luces eran hogueras que se habían encendido para pasar la noche bajo la protección del fuego. Ahora comprendía por qué llamaban así a aquellas tierras.

Al día siguiente un grupo de fueguinos se acercó al pequeño campamento que habían establecido los ingleses. Darwin se quedó de una pieza al ver que venían casi desnudos.

—¡Cielo santo! Pero ¿cómo pueden sobrevivir aquí sin llevar ropa de abrigo?

—Ya se lo dije, Darwin, son unos auténticos salvajes.

—Pero es que... ¡es imposible sobrevivir así!

FitzRoy se giró y lo miró y, abandonando su seriedad habitual, sonrió y le dijo:

—Pues ya ve que no. Le contaré una cosa que lo dejará boquiabierto. En mi anterior viaje nos quedamos todos asombrados al ver que por la noche los fueguinos sudaban al calor de las hogueras mientras que todos los demás estábamos tiritando de frío.

Es cierto que en esas fechas era verano en aquella zona, pero aún así estaban en las tierras habitadas más cercanas al polo sur.

—Pregúntales dónde están tus padres y si es posible contactar con ellos —le dijo el capitán a Jemmy Button.

Pero al ver la cara de tristeza que ponía el muchacho al oír la respuesta todos pensaron que había malos augurios.

—Mi padre ha muerto, capitán. Durante mi ausencia ha muerto. También me han dicho que irán a buscar a mi madre, a mis dos hermanas y a mis cuatro hermanos y que vendrán mañana.

—Lo siento, Jemmy. Créeme que lo siento mucho —le dijo el capitán con un tono de voz apesadumbrado.

—Yo también lo siento —añadió Darwin lacónicamente.

Jemmy se retiró con lágrimas en los ojos. Un aire de tristeza se cernió sobre todos. Esto le recordaba a FitzRoy que tenía que comunicar la muerte de Memory Boat —el fueguino que había fallecido en Southampton— y explicar cómo había sucedido. Sin embargo, no todo eran malas noticias. El capitán comunicó que York Minster y Fuegia Basket se iban a casar en los próximos días y que el reverendo Matthews oficiaría la boda.

—Felicidades, Fuegia. Me alegro mucho por vosotros.

—Gracias, señor Darwin —contestó Minster.

Mientras desembarcaban todos los regalos que traían los fueguinos, el teniente Sulivan se acercó a Darwin y le dijo:

—No lo veo a usted muy convencido.

—Mire, Sulivan, con el capitán no puedo hablar de esto, se irrita enseguida si le llevas la contraria, pero creo que con usted puedo ser sincero.

—Dígame. ¿Cuál es su opinión?

—Observe. Mire todo lo que traen: orinales, copas de vino, sombreros de castor, vajillas, soperas, ropa blanca, bandejas de té… Todo esto está muy bien para vivir en un pueblecito inglés, pero mire a los nativos, lo único que tienen es una canoa, unas lanzas, un taparrabos y una especie de capa hecha con pieles de zorro y nutria. Eso es todo. ¿Realmente cree usted que cuatro personas van a conseguir que todas estas tribus cambien de forma de vida y de religión?

—Visto así puede que tenga usted razón. Pero eso no es problema nuestro, Darwin. Si el capitán se ha hecho ilusiones es cosa suya, a nosotros nos competía devolverlos sanos y salvos y lo hemos conseguido. ¡Misión cumplida!

A Darwin no lo convenció el pragmatismo de Sulivan. Ciertamente estaba muy bien dentro de la mentalidad militar: se te encarga una misión, la cumples y todo perfecto. Pero Darwin no dejaba de pensar que se trataba de personas y veía mucho más sencillo que los tres fueguinos acabaran viviendo como los demás nativos que no que lograran convencer a todos para que vivieran como ellos, es decir, como europeos de la campiña británica, pero en una tierra gélida en los confines del mundo. En cualquier caso, había una cosa en la que tenía razón Sulivan: él no podía hacer nada. Aun así, le expresó sus temores más íntimos.

—Mire, teniente, no sé si es cierto o si ha sido algo exagerado, pero Jemmy Button me ha dicho que son caníbales.

—¿Caníbales?

—Jemmy me ha explicado que durante los inviernos duros los hombres matan y se comen a sus mujeres.

—Bueno, Darwin, es posible que haya pasado alguna vez, pero no creo que sea la norma.

—No lo sé, teniente, pero Jemmy les tiene mucho miedo a ciertas tribus.

—Por el bien de todos esperemos que no sean ciertas esas historias.

—Además, no hay que olvidar lo que nos dijo el capitán sobre la tribu de los Tekeenica. No los dejó demasiado bien.

—Me está poniendo nervioso. Mejor será que no le demos más vueltas. Lo que tenga que ser, será.

Pasaron cinco días allí y entonces FitzRoy decidió partir para explorar el canal de Beagle, un canal que había descubierto en su anterior travesía. Durante esta expedición vivieron un momento de gran peligro que bien pudo costarles la vida. Un pequeño grupo de marineros, del que formaban parte el capitán y Darwin, se había alejado en bote unos 160 kilómetros del *Beagle* y habían desembarcado en tierra para observar los glaciares, justo en el momento en el que un gran bloque de hielo se desprendió y cayó al mar. De inmediato se originó una especie de pequeño sunami que estuvo a punto de destrozar la barcaza y llevársela a la deriva. Si esto hubiera sucedido, habrían quedado abandonados a su suerte, lo que podría haber resultado fatal. La intervención de Darwin resultó decisiva. Con gran valor y arrojo, echó a correr, junto a dos marineros, hacia los botes, cogió las amarras y las fijó en una roca, resistiendo así el envite de dos olas. FitzRoy se mostró muy agradecido y le puso su nombre al monte en el que acamparon.

Diez días más tarde, el *Beagle* regresó al campamento en el que habían dejado a los fueguinos y al reverendo. La sorpresa fue mayúscula cuando un marinero dijo:

—Capitán, mire. Es el reverendo Matthews.

En la orilla se podía ver la figura desesperada de un hombre que agitaba las manos y gritaba pidiendo auxilio. Bajaron un bote y fueron a recogerlo. Al subirlo a bordo el reverendo les explicó lo que había sucedido.

—En cuanto usted se fue —dijo, dirigiéndose al capitán— cambiaron de actitud.

—¿Qué es lo que pasó, reverendo?

—Al día siguiente de zarpar el *Beagle* vinieron unos cuantos nativos al campamento y se dedicaron a robarnos todo lo que pudieron coger.

—¡Malditos granujas! —exclamó indignado el capitán.

—Button y yo intentamos detenerlos, pero fue imposible. Nos pegaron y nos amenazaron de muerte. Si no les hubiésemos dejado llevarse las cosas, nos habrían matado allí mismo.

—Son unos sinvergüenzas. No se merecen nuestra ayuda —dijo Wickham.

—Cada día regresaban y se llevaban más cosas. Incluso destrozaron nuestro pequeño huerto. Ya ve usted. ¿Qué beneficio podían sacar de eso?

—¿Y Minster y Basket? —preguntó Darwin.

—Se han unido a ellos. Supongo que por miedo, pero están de su lado. De hecho, a ellos también les han quitado todo.

—Lo siento mucho, reverendo. Jamás pensé que fuera a suceder algo así —dijo el capitán en tono de disculpa.

—Nadie podía pensar en algo como esto —añadió Wickham.

—Se vendrá con nosotros a las Malvinas —dijo el capitán con firmeza—. Podrá atender espiritualmente a los británicos que están allí.

—De acuerdo, capitán —asintió el reverendo sin pensárselo dos veces.

—¿Y Button? —preguntó Darwin—. Nos lo llevaremos también, ¿verdad?

—No. Él se queda —sentenció el capitán en un tono tajante.

—Pero… su vida corre peligro.

—Button es listo y sabrá arreglárselas. Confío en que incluso los podrá civilizar.

—Capitán, no creo que sea una buena idea —insistió Darwin.

—Volveremos dentro de un año y entonces veremos cómo están las cosas. Mientras, él se quedará aquí.

—Un año es mucho tiempo, capitán. Puede que para entonces ya no esté vivo.

—No insista, Darwin. Button se queda.

Con una profunda decepción, FitzRoy ordenó levar anclas y poner rumbo a las Islas Malvinas. Fuegia Basket ni siquiera salió de su wigwam, la pequeña choza que se construían los fueguinos para pasar la noche, para despedir al *Beagle*. El 28 de febrero dejaron Tierra del Fuego para llegar el 1 de marzo a las Malvinas. En estas islas se produjo la muerte de uno de los miembros de la tripulación: el señor Hellyer, secretario de FitzRoy. Infringiendo las normas, había salido a cazar patos solo.

Como tardaba en regresar, lo fueron a buscar y lo encontraron muerto en un arroyo. Había resbalado y al caer se había golpeado la cabeza, había perdido el sentido y había fallecido ahogado. Todos pensaban lo mismo. Si hubiera ido acompañado, se habría salvado. Darwin no pudo evitar recordar la gran regañina que le había dado el capitán en Brasil por haber hecho excursiones a la selva sin compañía alguna.

El *Beagle* estuvo haciendo relevamientos hidrográficos por las costas de América del Sur, Tierra del Fuego y las Malvinas durante dos años y medio. Darwin volvió varias veces a Buenos Aires y a Montevideo. Los trabajos cartográficos que hizo FitzRoy en las costas de Tierra del Fuego fueron de gran importancia para la Marina británica. De hecho, cuando estalló la primera guerra mundial las cartas navales que utilizaba la Royal Navy eran todavía las que había proporcionado FitzRoy, y fue con ellas con las que tuvieron que buscar el crucero alemán *Dresde*, el único superviviente de la flota alemana que fue hundida el 8 de diciembre de 1914 en la batalla de las Malvinas, que también sería hundido meses más tarde por los barcos británicos que le estaban dando caza.

Un año después de haber dejado a los fueguinos en Wulaia, FitzRoy regresó para ver si había habido algún cambio favorable. Se llevó una nueva decepción. Para empezar, el campamento estaba totalmente destruido, Minster y Fuegia se habían ido hacia otras tierras y se habían integrado en una tribu. Button había encontrado esposa, pero su aspecto ya no tenía nada que ver con aquel muchacho refinado en el que lo había convertido FitzRoy durante su estancia en Inglaterra.

—Jemmy, ¿por qué no te vienes con nosotros? —le dijo el capitán en un tono de sincera amistad.

—No puede ser, capitán.

—Aquí no tienes futuro. Ven.

—En Inglaterra tengo amigos, pero aquí tengo a mi esposa.

—Que se venga ella también.

—No es posible. No se adaptaría. Nosotros somos felices aquí.

—Fuegia se adaptó.

—Pero no le sirvió de nada aquí. Si nos vamos, debería ser para siempre, y no queremos abandonar estas tierras.

—¿Estás seguro?

—Sí, capitán. Pero le agradezco su generosidad.

—Entonces no queda más que decir. Adiós, Jemmy, y que tengáis buena suerte.

—Adiós, capitán.

FitzRoy se despidió emocionado, sabía que no volvería a ver nunca más a su querido Jemmy. Aun así, le pidió repetidas veces que él y su mujer aceptaran subir al *Beagle* y volver a Europa con la promesa de que se haría cargo de todo, pero el fueguino rechazó su ofrecimiento. Después de este desengaño, el capitán ya no volvió a esas tierras. Al ordenar levar anclas Jemmy todavía estaba a bordo, por eso su mujer salió de su wigwam gritando. Seguro que Jemmy le había contado lo de su secuestro unos años antes. Solo se tranquilizó cuando vio que bajaban un bote al agua en el que iba su marido.

Rumbo al oeste, y corriendo un peligro tras otro, el *Beagle* tardó un mes en cruzar los canales del extremo sur de América y salir al Pacífico.

12

EL TERREMOTO DE CHILE Y LAS GALÁPAGOS

El 11 de junio de 1834 el viaje de Darwin entraba en una nueva fase: se internaba en el Pacífico. El ánimo del capitán estaba un tanto decaído por el fracaso que había supuesto lo que se podría haber llamado el experimento fueguino. Darwin, en cambio, estaba exultante.

—Últimamente lo veo a usted de muy buen humor, señor Darwin.

—Tiene razón, teniente Sulivan.

—¿Algún motivo especial?

—Pues sí.

—¿Y puede saberse?

—Por un lado, ya no me mareo tanto como antes, y eso es algo muy importante. —Los dos hombres se rieron—. Por otra parte, no hay duda de que estoy recogiendo materiales de gran valor científico.

—Me alegra saberlo.

—Mire. Fíjese en estos dibujos.

—Parecen caballos, ¿no?

—En efecto. Lo son. Pero este —señaló el dibujo que estaba a su derecha— existió hace varios miles de años, y este otro es actual.

—No entiendo adónde quiere ir a parar.

—Verá. Sabemos que cuando llegaron los españoles a América, los indios que habitaban estas tierras no conocían el caballo. Pero entonces ¿qué hacen aquí estos fósiles de équidos extinguidos hace tanto tiempo?

—No lo sé. Dígamelo usted.

—Creo que sus antepasados entraron en el continente americano hace miles de años. Y debieron de hacerlo por el estrecho de Bering.

—Pero eso es imposible. ¿Cómo pudieron atravesar unas aguas tan heladas?

—Ahí está el quid de la cuestión, teniente. Creo que durante la última glaciación el mar debió de retirarse, y durante algún tiempo se podría pasar desde Siberia hasta Alaska caminando por un istmo de tierra.

—¿Está usted seguro?

—Tengo la certeza.

—La verdad es que me sorprende.

—Luego se extendieron por todo el continente.

—¿Y por qué se extinguieron?

—No lo sé, y quizás, no lo sepamos nunca.

Mientras el *Beagle* remontaba las costas de Chile, las tormentas lo acompañaron insistentemente. Rowlett, el contable del barco y el más veterano de la tripulación, enfermó, y falleció. Para todos fue muy doloroso perder a otro miembro de la tripulación. La llegada a las costas de Valparaíso alivió un poco la tensión acumulada a bordo.

—Esto le gustará, Darwin —le dijo Wickham—. ¡Cartas para usted!

—No sabe cuánto las agradezco.

—Siempre es agradable recibir noticias de los tuyos.

—Sin sus cartas no podría haber aguantado tanto tiempo fuera de casa.

Darwin fue un gran escritor. Además de ser autor de varios libros, todos ellos de una extensión considerable, publicó numerosos trabajos y escribió varios miles de cartas, de las que se conservan 7.000.

Mientras el *Beagle* hacía sus trabajos cartográficos, Darwin organizó una expedición a los Andes. Contrató mulas y guías, compró víveres y todos los pertrechos necesarios para la expedición.

—Hemos de tener mucho cuidado con la puna —le advirtió Darwin a Covington.

—¿Y eso qué es?

—El mal de altura. Aquí lo llaman así.

—¿Y en qué consiste?

—Es la hipoxia, la falta de oxígeno. Causa desfallecimientos que pueden ser mortales.

Los Andes son la cordillera que separa Chile de Argentina. Se extiende de norte a sur a lo largo de varios miles de kilómetros. La vertiente occidental, la que da al Pacífico, se encuentra muy cerca de la costa. Las cumbres son muy altas, muchas pasan de los 5.000 metros. Subir en poco tiempo hasta esas alturas provoca mareos, dolor de cabeza y un agotamiento que llega a conducir a la muerte.

—Don Carlos, si siente la puna, díganoslo y regresaremos —le decía uno de los guías.

—Descuide, si noto algo, se lo diré de inmediato.

Desde luego, el proyecto era ambicioso, pero la buena fortuna le sonrió. Pero lo cierto es que cuanto más subían, mejor se iba encontrado Darwin. No solo no sentía desfallecimiento, sino que se sentía con más vitalidad. Darwin tenía la esperanza de encontrar en los Andes la clave explicativa de la geología de Sudamérica; por eso había organizado aquella expedición.

—Mire, Covington: conchas marinas.

—¿Conchas a 4.000 metros de altura? Pero ¿cómo puede ser posible?

—Esto prueba que hace mucho tiempo el mar llegaba hasta aquí.

—Pero si es así…, ¿entonces por qué está tan lejos ahora?

—Porque la tierra se elevó. Aquí hay muchos volcanes y se producen muchos terremotos, estas fuerzas de la naturaleza han configurado la orografía que tiene Chile hoy.

—Pues si es como dice usted, espero que no suframos ningún terremoto ni tampoco la erupción de un volcán.

—Esperemos que no, señor Covington. De todos modos, no se preocupe, porque son cosas que pasan cada muchos siglos.

—Eso me tranquiliza más.

Como de costumbre, Darwin recogió ejemplares de muchas especies, tanto de animales como de plantas. Regresó exultante de la excursión a Valparaíso, con muchas ganas de contarle a FitzRoy todo lo que había visto y descubierto. Pero lo que se encontró fue sobrecogedor. El aspecto físico del capitán era lamentable y su ánimo estaba a punto de derrumbarse.

—¿Qué le pasa, capitán? ¿Por qué está así? —le preguntó Darwin con auténtica preocupación.

—Para mí es el fin, Darwin. Ya no puedo más.

—¿Qué quiere decir?

—Que ya no puedo seguir comandando esta nave por más tiempo.

FitzRoy lo veía todo negro. Como suele pasar cuando uno se deprime, hacía una valoración negativa de su trabajo y pensaba que lo había hecho todo mal.

—He fracasado con el proyecto de los fueguinos y no he conseguido cartografiar toda la costa de Tierra del Fuego. El tiempo y el clima lo han impedido, por eso debería volver para acabar el trabajo, pero hay varios marineros que han amenazado con desertar si regresamos allí. He fracasado en la misión. No voy a poder cumplirla, por eso he decidido dimitir y que tome el mando Wickham. O hago esto o me vuelvo loco.

—Tranquilícese, capitán. Las cosas no son exactamente como las describe usted. Ya le dije que lo de los fueguinos lo veía prácticamente imposible, y si lo piensa fríamente, también lo verá así. Es muy difícil que cuatro personas conviertan a toda una población en tan pocas semanas. En cuanto a las labores de cartografía, debe tener la conciencia muy tranquila; usted ha llegado a alquilar barcazas para cartografiar la costa, incluso ha comprado un barco, y ha pagado ambas cosas de su bolsillo. ¿Qué más quiere? El Almirantazgo no lo regañará, al contrario, lo felicitará y le agradecerá su empeño y su compromiso.

—¿Usted cree?

—Sí, capitán.

—Es posible que tenga razón, pero aun así no soporto más esta carga. Dimito.

Darwin comprendió que él solo no iba a poder convencer al capitán, de modo que se dirigió a Wickham. La estrategia dio resultado.

—Mire, capitán —dijo el primer teniente del navío—, las instrucciones del Almirantazgo son muy claras. No nos obligan a cartografiar toda la costa de Tierra del Fuego, lo único que se nos pide es que hagamos lo máximo posible. Y le aseguro que, dadas las circunstancias, hemos hecho mucho más de lo que se esperaba de nosotros.

—¿De veras cree usted eso, Wickham?

—Se lo digo con toda sinceridad, capitán. Es más, si usted me da el mando del buque, ordenaré regresar a casa a través del Pacífico; lo que no haré es volver a Tierra del Fuego.

Fue así como Darwin y Wickham lograron convencer al capitán para que continuara al mando de la expedición, de modo que el *Beagle* siguió su curso a lo largo de la costa chilena. Una noche uno de los vigías advirtió que en tierra se había visto un fogonazo espectacular. Uno de los volcanes había entrado en erupción. Entonces Covington se acordó de su conversación con Darwin unas semanas antes.

—Ya solo falta el terremoto —le comentó Covington a Darwin con un tono inquietante.

—No sea cenizo —le contestó el naturalista.

Sin embargo, lo que estaba sucediendo era realmente grave. Ellos no lo sabían, pero varios volcanes, entre los que estaba el Aconcagua, habían entrado en erupción. Pocos días después se produjo un terremoto que arrasó varias localidades. Darwin y Covington se encontraban en Valdivia. El suelo tembló y muchas casas se derrumbaron. Era el 20 de febrero de 1835. Cuando unos días después se fueron hacia el norte pudieron percatarse de la auténtica magnitud de la catástrofe.

Durante el terremoto, Darwin pudo ver cómo el terreno se había levantado unos metros en pocos segundos. Esto significaba que las mismas fuerzas podrían haber sido la causa del elevamiento de aquellas montañas a lo largo de millones de años.

Antes de adentrarse en el Pacífico, todavía pasó unos meses más en Chile y después en Perú. Concretamente, entre julio y septiembre, estuvieron en el puerto del Callao. El próximo destino serían las Islas Galápagos, situadas a 1.000 kilómetros de Ecuador. Darwin no lo sabía, pero ese lugar iba a ser decisivo para él. Aunque tardaría un tiempo en darse cuenta, lo que vio en las Galápagos sería esencial a la hora de elaborar su teoría de la evolución de las especies.

En el archipiélago estuvieron poco más de un mes. Llegaron el 16 de septiembre de 1835 y se marcharon el 20 de octubre. En principio no parecía que hubiera nada especial allí. Había unas tortugas gigantes, llamadas galápagos por los españoles, que le daban nombre al archipiélago. Las más grandes llegaban a pesar hasta 250 kilogramos, y medían dos metros y medio de ancho.

Un día Covington se quedó muy sorprendido al ver avanzar balanceándose muy lentamente a Darwin. Los matorrales lo tapaban en parte, de modo que solo se le veía la parte superior del torso.

—Señor Darwin…, ¿qué está haciendo? —le gritó.

—Venga, Covington, no se pierda esto.

Mientras el marinero se acercaba, Darwin desapareció entre los matorrales. Cuando apartó el follaje no podía salir de su asombro.

—¡No me diga que iba a lomos de esa tortuga!

—Pues sí… Ande, ayúdeme a subir de nuevo, por favor.

Las tortugas de las Galápagos son todo un espectáculo. Los piratas y la población de la isla se comen su carne, por eso se podían encontrar muchos caparazones por todas partes. La tripulación del *Beagle* no fue una excepción. Darwin tuvo que insistir mucho para que la marinería no se comiera durante la travesía de regreso las tortugas que se llevaba a Londres para disecarlas y exhibirlas en el Museo de Ciencias Naturales de la capital británica, donde estarían permanentemente.

Las iguanas y los pinzones también son típicos de las Galápagos. Darwin cogió muchos ejemplares para analizarlos a la vuelta, pero una observación del vicegobernador del archipiélago, el británico Lawson, le hizo caer en la cuenta de algo que tendría una gran trascendencia para la ciencia y para la vida de Darwin. En aquel momento era un dato sin demasiada importancia, pero a la larga lo cambiaría todo.

—¿Se ha dado usted cuenta de que hay varias especies distintas de tortugas? —le dijo el vicegobernador al naturalista.

—¿Cómo? Pero ¿no son todas de la misma especie?

—¡Oh, no! Hay varias especies distintas.

—¡No me lo puedo creer! He guardado todos los caparazones juntos pensando que eran de la misma especie.

—Pues no. Fíjese bien y verá que tienen diferencias de forma.

—¿Cómo se me puede haber pasado por alto algo así? ¡Madre mía! Tendré que abrir las cajas y clasificarlas nuevamente.

—Me temo que sí.

—¿Y los pinzones? ¿Tampoco son todos de la misma especie?

—Creo que no, señor Darwin.

—Me lo temía.

Meses más tarde, ya en Londres, a Darwin le confirmarían que unos pinzones (el gran pinzón terrestre), tenían un pico más grande y grueso que les permitía romper semillas; mientras que otros (el pinzón cantor), tenían un pico más corto y agudo para poder capturar insectos. Entre ambos tipos existían diversas variedades (el pequeño pinzón arbóreo, el pinzón terrestre). Estas observaciones, por simples que puedan parecer, suscitaron en la mente de Darwin una pregunta clave: ¿por qué hay varias especies de tortugas o de pinzones en vez de una sola? Años más tarde daría con la respuesta.

13

EL REGRESO

El retorno de Darwin a casa fue menos emocionante de lo que había sido el viaje hasta aquel momento. Ya no viviría insurrecciones, revoluciones, olas gigantescas, explosiones volcánicas, terremotos ni otros avatares. Pero esto no significa que esa fase del viaje careciera de interés científico. Al contrario, fue entonces cuando Darwin pudo descubrir cómo se forman los atolones de coral, y acabaría exponiendo sus explicaciones científicas en un libro dedicado a ese tema.

Tras dejar las Galápagos, el *Beagle* se adentró en el Pacífico rumbo a las preciosas islas de Tahití. Los dos archipiélagos estaban separados por 5.000 kilómetros, distancia que cubrieron en veinticinco días. El 15 de noviembre echaron el ancla en la bahía de Matavai, el mismo lugar al que había llegado el capitán Cook sesenta y seis años antes en su buque, el *Endeavour*. Al poco de llegar, los lugareños se acercaron al barco inglés con sus canoas, y lo rodearon por todas partes. Al día siguiente más de doscientos nativos habían subido a bordo para intentar comerciar. Dado que ya conocían el valor del dinero, no se dejaban engañar aceptando botones o clavos a cambio de sus mercancías.

—Me habían dicho que estos nativos eran gente muy reservada, pero ya veo que me habían informado mal —le comentó Darwin al capitán.

—¿Los nativos de Tahití tristes? ¡Qué va! Son muy extrovertidos y alegres —le contestó FitzRoy.

—Ya lo veo, ya.

—Qué diferencia con los fueguinos, ¿verdad?

—No logra quitárselos de la cabeza… Olvide Tierra del Fuego, capitán. Todo lo que tenía que hacer allí ya lo hizo.

—Tiene razón, Darwin. Hay que disfrutar del regreso a casa.

Una de las misiones del *Beagle* en Tahití era cobrar a unos nativos una indemnización por haber saqueado una pequeña nave inglesa. Aunque la cantidad reclamada por Inglaterra no era muy grande, los tahitianos tuvieron que hacer un esfuerzo. Antes de que el *Beagle* partiera, la reina Pomare fue invitada a subir al barco, donde se la recibió con toda clase de honores.

—¿Qué le parece, Darwin? ¿La encuentra guapa? —le preguntó el teniente Wickham.

—No es mi tipo. Demasiado gruesa.

—Los tahitianos la encontrarán muy guapa, pero para nuestros cánones occidentales de belleza…

—No es solo eso, teniente. Fíjese en su rostro. Es inexpresivo.

—Pues sí. Es cierto. Parece como si nada la alterara.

—Los filósofos estoicos llamaban a esto ataraxia, algo así como impasibilidad del carácter.

—O sea, que ni se alegra ni se entristece por nada.

—Eso mismo.

—Pues a mí no me gusta.

—A mí tampoco. No me parece humano.

El 26 de noviembre pusieron rumbo a Nueva Zelanda y continuaron su viaje. Fueron tres semanas de navegación sin ver tierra por ninguna parte. Tocaron la costa neozelandesa el 21 de diciembre de 1835. El recibimiento no tuvo nada que ver con el de los tahitianos. Lo primero que sorprendió a la tripulación del *Beagle* fue la higiene de los nativos.

—¡Por Dios! ¿Se ha fijado en lo mugrientos que están estos hombres? —le comentó Darwin al primer teniente del navío.

—Comparados con los tahitianos, estos parecen unos *gentlemen* ¿no? —le respondió Wickham.

—Lo que más me llama la atención es esa forma tan curiosa que tienen de saludarse, apretándose la nariz y emitiendo gruñiditos.

La visita a la colonia de misioneros de Waimate lo llevó a escribir, junto a FitzRoy, un manifiesto a favor de una mayor ayuda gubernamental para las misiones. El manifiesto se publicó en Ciudad del Cabo, la capital de Sudáfrica, en septiembre de 1836.

En Nueva Zelanda supo de la existencia de un ave gigante, la moa, que se había dejado de ver hacía poco tiempo. Sin predadores que pudieran capturarla, el ave había ido aumentando su tamaño enormemente con el paso del tiempo, a la vez que sus alas habían dejado de servirle para volar, pues ya no necesitaba escapar de nadie. Al llegar el hombre, la situación cambió. Se le podía dar caza sin ninguna dificultad, lo que con el tiempo daría lugar a su extinción.

Dos nuevas semanas de navegación los llevaron hasta Port Jackson, en la bahía de Sídney. El tamaño de la ciudad causó admiración en Darwin.

—¡Dios santo! ¡Qué ciudad tan grande!

—Es auténticamente grandiosa —añadió el segundo teniente Sulivan.

—Todos los británicos deberían ver Sídney para comprender la grandeza de nuestro imperio.

Darwin, al igual que había hecho en otros lugares, alquiló dos caballos y contrató un guía para adentrarse en el interior del país. Allí descubrió lo altas que eran las temperaturas bajo aquel sol abrasador.

El *Beagle* permaneció en Sídney entre el 12 y el 30 de enero de 1836. El nuevo destino era la isla de Tasmania, o Tierra de Van Diemen, frente a la costa sureste de Australia. La travesía entre Sídney y Hobart Town duró tres días.

—Conociéndolo, me imagino qué hará a continuación.

—¿Y qué será, capitán?

—¡Escalar el monte Wellington!

—¡Caray, capitán! ¿Cómo lo ha sabido?

—Empiezo a conocerlo muy bien, Darwin. Mejor de lo que usted cree.

Y así fue. Darwin no tardó en organizar una excursión al monte que llevaba el nombre del general británico que había derrotado a los ejércitos napoleónicos en Portugal y España, así como en el pueblecito belga de Waterloo, y acabó definitivamente con el imperio de Napoleón.

Como no podía ser de otro modo, Darwin se deleitó contemplando el tigre de Tasmania, un marsupial carnívoro del tamaño de un perro, y los ornitorrincos, esos curiosos mamíferos con pico de pato. Sin embargo, no se llevó ninguno porque ya eran conocidos en los museos de Europa.

De Tasmania zarparon el 17 de febrero para ir nuevamente a Australia. Esta vez a la costa suroeste. Entre el 3 y el 14 de marzo estuvieron fondeados en King George Sound. Australia no le gustó a Darwin. El clima era muy riguroso, con un calor que le resultaba casi insoportable. Además, opinaba que la riqueza de Sídney se debía al trabajo que realizaban los prisioneros enviados allí. De hecho, había visto innumerables grupos de reclusos encadenados por las calles marchando a sus lugares de trabajo forzoso escoltados por guardias armados. Y, por si fuera poco, el declive de la población aborigen a manos de los europeos ya era algo patente y, como siempre, resultaba tema de controversia entre Darwin y FitzRoy.

El nuevo destino eran las Islas Cocos, también llamadas Keeling, en el océano Índico, al suroeste de la isla de Sumatra, la más grande del archipiélago indonesio. Las Keeling están formadas por un conjunto de atolones coralinos. Darwin ya conocía los atolones gracias a su paso por el Pacífico oriental. Pero fue aquí, en las Cocos, donde estudió a fondo cómo se formaban estos.

—¡Cuánta belleza hay en un atolón coralino! ¿Verdad, señor Darwin?

—Tiene razón, señor Bynoe —dijo al médico de la expedición—. Es realmente espectacular el contraste que hay entre el océano que rodea el exterior de las islas y la laguna interior.

—Es curiosa la forma de los atolones, ¿verdad? Una laguna rodeada por un anillo de islas diminutas. ¿Cómo cree usted que se forman?

—El gran geólogo Charles Lyell tiene una teoría.

—¿Cuál es?

—El profesor Lyell cree que los corales han crecido alrededor de la boca del cráter de un volcán que está sumergido en el agua, algo que explicaría la forma circular del atolón. El coral iría creciendo hasta subir a la superficie.

—¡Caramba, es una explicación muy interesante!

—En efecto, pero tiene puntos débiles.

—¿Sí? ¿Cuáles?

—Prácticamente no hay corales por debajo de los treinta metros. Entonces ¿por qué todos los volcanes tienen justo la profundidad adecuada? Yo creo que estas islas son volcánicas, sí, pero que los corales crecieron alrededor de volcanes emergidos. Luego el volcán se hundió y quedó un conjunto de pequeñas islas coralinas alrededor de una laguna que ocuparía el lugar en el que antes había estado el volcán.

—¿Y por qué no puede ser como dice ese tal Lyell?

—Porque hay atolones que tienen 60 kilómetros de diámetro. ¡No se conoce ningún volcán con un cráter tan grande!

—¿Y cuánto cree usted que tarda en formarse un atolón?

—Yo diría que un millón de años.

—¡Madre mía! ¡Impresionante!

Darwin publicaría a su vuelta a Inglaterra los estudios que hizo sobre los atolones coralinos, así como sus teorías acerca de su formación.

El *Beagle* continuó su viaje de regreso a Inglaterra. De las Keeling navegaron hacia las Islas Mauricio, llegando a Port Louis el 29 de abril. Permanecieron allí hasta el 9 de mayo. La siguiente etapa fueron las Islas Bourbon. Después, Ciudad del Cabo, en el extremo sur de África. A la capital sudafricana llegaron el 31 de mayo.

El 18 de junio zarparon rumbo a la isla de Santa Elena, esa pequeña «roca» en la que Napoleón Bonaparte pasó los últimos años de su vida, exiliado a la fuerza después de haber sido derrotado en Waterloo por la infantería inglesa comandada por el duque de Wellington y por la caballería prusiana al mando de Blücher.

Camino del ecuador tocaron la pequeña, pero estratégica isla de Asunción; un islote británico en mitad del Atlántico.

De forma imprevista, FitzRoy sufrió un nuevo ataque de exceso de responsabilidad y ordenó que la nave se dirigiera otra vez a Brasil para cartografiar su costa a la altura de San Salvador de Bahía.

—Este hombre no aprende. Toda la tripulación está furiosa.

—Es verdad, pero no discuta más con él. Iremos a Bahía, estaremos unos días allí y luego lo convenceré para que sigamos navegando rumbo a casa —le dijo Wickham a Darwin con tono serio.

—¿Seguro que no quiere que hable con él?

—¡No! ¡Ni soñarlo! Cada vez que discuten me toca aguantar a mí su mal humor, de manera que deje este asunto en mis manos.

—De acuerdo, teniente.

En Bahía estuvieron solo del 1 al 6 de agosto. Tras seis días de navegación rumbo al norte tocaron el puerto de Pernambuco, también en Brasil. Allí estuvieron una semana, del 12 al 19 de agosto. Desde Pernambuco emprendieron el camino hacia Cabo Verde. Llegaron a Porto Praia el 31 de agosto. Para disgusto de Darwin, no regresaron a Inglaterra por las Canarias, sino que fueron rumbo al norte, en dirección a las islas Azores, donde estuvieron seis días, entre el 19 y el 24 de septiembre, y de allí a casa.

La noche del domingo 2 de octubre de 1836 el *Beagle* llegaba a las costas inglesas. Estaba lloviendo, pero eso no le importaba a nadie. En cuanto el buque amarró en Falmouth, el puerto de Cornualles, Darwin dio las últimas instrucciones respecto a lo que debía hacerse con el material científico que tenía a bordo y se apresuró a emprender el camino a Shrewsbury.

14

ORIGEN DE LA TEORÍA DE LA EVOLUCIÓN, MATRIMONIO Y TRASLADO A DOWN

El ansia que tenía Darwin por ver a su familia era irrefrenable. Habían pasado cinco años desde que los había visto por última vez. En cuanto puso pie en tierra tomó el primer coche con destino a Shrewsbury. Cubrió el trayecto entre el puerto de Falmouth y su ciudad natal en dos días, de modo que llegó de noche. Tan atento como siempre, consideró que no eran horas de presentarse en casa, de modo que se alojó en una posada.

A la mañana siguiente se dirigió a El Monte. Era la hora del desayuno. La aldaba de la puerta sonó con fuerza.

—Ve a ver quién es, por favor —le dijo Robert Waring Darwin a su hija Caroline.

Esta abrió la puerta y con cara de incredulidad dio un grito de alegría. Sus hermanas se dirigieron con rapidez a la puerta para ver qué pasaba. Mientras iban por el largo pasillo, Caroline se giró hacia el interior de la casa gritando:

—¡Es Charles! ¡Ha vuelto!

Los gritos de alegría de sus hermanas retumbaron por toda la casa. Su padre también se apresuró hacia el pasillo. Todos se abrazaban y se daban besos.

—Hijas mías, ¿os habéis fijado en la forma de su cabeza? ¡Pero si le ha crecido!

Las carcajadas resonaron por toda la casa. Su hermana Susan le acariciaba la cabeza, bromeando, mientras Darwin la miraba sonriendo, pero un poco acomplejado, porque él también había notado que la forma de su cabeza, por extraño que pueda parecer, había cambiado algo desde que había empezado el viaje.

Días más tarde, Darwin abordó con su padre una conversación acerca de su futuro.

—Creo que deberías aprovechar y ser un buen científico.

—Gracias, padre. ¿Y lo de ser párroco rural?

—Seamos sinceros. ¿Crees que es realmente lo tuyo?

—No, padre.

—¿Y la ciencia?

—Me apasiona con locura. Ahora me gusta incluso la geología.

—Hijo mío, yo lo que quiero es que seas feliz. Creo que debes hacer aquello para lo cual te sientas llamado vocacionalmente.

—De momento lo que he de hacer es poner en orden todo el material del *Beagle*, tanto el que he ido enviando durante estos años como el que he traído ahora conmigo.

—¿Dónde has dejado el material nuevo?

—Todavía está en el *Beagle*, rumbo a Londres. Yo tomé tierra en Cornualles. No podía esperar más para llegar a casa.

—¿Y el resto del material?

—En Cambridge. Creo que debería trasladarme allí. Debería vivir una temporada en Cambridge para poder trabajar con el profesor Henslow.

En diciembre de 1836 se afincó en la ciudad universitaria, donde se consagró a ordenar y clasificar el material. De hecho, esta tarea le ocuparía los dos años siguientes. También se dedicó a revisar su diario de viaje. Tanto la Sociedad de Geología como la de Zoología lo invitaron a dar conferencias sobre la geología y la fauna de Sudamérica.

En la primavera de 1837 trasladó su residencia a Londres y vivió en la calle Great Marlborough. Empezaba una nueva etapa de su vida. En mayo visitó nuevamente el *Beagle*. El buque iba a partir hacia Australia.

—Me alegra verlo de nuevo, capitán.

—A mí también.

—¿Se anima a venir con nosotros? —le dijo Wickham.

—Si no fuera por los mareos, créame que sí lo haría, teniente.

Pero lo cierto es que Darwin no abandonaría nunca más las costas británicas. De momento, por causa del inmenso trabajo que tenía por delante, y después por el fuerte quebranto que sufrió su salud.

Durante uno de los viajes a Cambridge su amigo Henslow le dio un par de buenas noticias.

—Querido amigo Darwin, tengo un par de cosas que decirle y estoy convencido de que van a encantarle.

—Pues usted dirá, profesor.

—Ya sabe que Sedgwick opina que usted es uno de los científicos más brillantes del momento…

—Creo que nuestro amigo exagera un poco —interrumpió Darwin.

—Da igual, sea como sea, el caso es que ha conseguido que lo nombren secretario de la Sociedad de Geología.

—¡Caramba! ¡Es una noticia sorprendente! —Darwin lo agradeció mucho, aunque le preocupaba que lo pudiera distraer de su trabajo.

—Pues espere, espere, que eso no es todo.

—¿Aún hay más sorpresas?

—Sí. ¡También hemos conseguido una subvención de 1.000 libras para que pueda escribir y publicar sus descubrimientos geológicos!

—¡Es impresionante! Nunca podré agradecerle lo suficiente todo lo que ha hecho por mí.

—Deje, deje. De todas formas, no se olvide de Sedgwick, él ha sido fundamental en todo esto.

Con solo veintinueve años de edad, a finales de 1838, el prestigio de Darwin como geólogo especializado en la geología de Sudamérica era ya algo incontestable. Solo faltaba la sanción de la gran autoridad en esta materia, su admirado Charles Lyell.

Fue en Londres donde tuvo la oportunidad de conocerlo y comprobar con agrado que Lyell había aceptado amistosamente su ingeniosa explicación del origen de los atolones coralinos.

—Señor Darwin, quiero que sepa que usted no es un científico desconocido para mí.

—Muchas gracias, señor Lyell. Yo también quiero decirle que siento una profunda admiración por su trabajo. He leído con sumo detenimiento los dos primeros volúmenes de su geología y me han impresionado enormemente. A lo largo de estos años he podido reflexionar profundamente sobre todas sus teorías, incluso he podido comprobar alguna de ellas. El tercer volumen lo he leído recientemente, al volver a casa.

—Me alegro de que le hayan gustado.

—Se lo digo en serio.

—De acuerdo, de acuerdo. El señor Sedgwick me ha hablado muy bien de usted. Dice que no es ninguna promesa, sino que se trata ya de uno de los geólogos más eminentes.

—Le estoy muy agradecido al señor Sedgwick por manifestar esa buena opinión acerca de mí, pero creo que es un tanto inmerecida.

—No sea tan modesto, señor Darwin. He leído sus escritos sobre la geología de Sudamérica y sus textos son realmente admirables.

—Gracias, señor Lyell.

—Y no piense que le digo esto porque en ellos afirma que ha encontrado pruebas que confirman mis teorías; porque también han llegado hasta mí sus ideas acerca del origen de los atolones coralinos y las encuentro muy sugerentes.

—La verdad es que me deja sin palabras.

—Me encantará debatir con usted todos estos temas.

—Para mí será un placer y un honor inmerecido.

Lyell no fue la única celebridad a la que conoció en Londres. Fue durante esta época cuando entabló una profunda y sincera amistad con Hooker, uno de los botánicos más eminentes en aquel momento.

Al poco de volver de su viaje, en marzo de 1837, Darwin escribió sus primeras anotaciones sobre el origen de las especies, ese misterio de los misterios que tanto inquietaba su mente y que se proponía resolver. No le dijo nada a nadie porque, de momento, eran solo unas ideas deshilvanadas. Se daba cuenta de que la tarea que tenía por delante era ingente, pues se había propuesto establecer las relaciones entre todas las especies vivientes y las extintas. Sin embargo, poco a poco se fue atreviendo a expresar sus ideas a sus amigos más íntimos.

—En mi opinión, las especies no fueron creadas de un modo fijo, sino que creo que se han ido transformando a lo largo del tiempo —le comentó a Henslow.

—Puede. Pero esto no es ninguna novedad, ya lo han dicho otros y, la verdad, sin demasiada fortuna.

—Claro, porque no han logrado explicar las causas que motivan esas transformaciones.

—¿Y usted lo ha conseguido?

—No. Todavía no. La verdad es que no logro dar con la clave que podría explicar esos cambios.

En este sentido fue providencial la lectura de Thomas Malthus, un célebre economista británico. En octubre de 1838, y de un modo puramente casual, cayó en sus manos el libro que había escrito cuarenta años antes y que se titulaba *Ensayo sobre el principio de la población*. En él argumentaba que la población humana crecería hasta un punto en el que los recursos alimenticios impondrían un límite. La hambruna y la guerra por los recursos impedirían que la población creciera más allá de ese límite. A Darwin se le encendió la bombilla.

«¡Pues claro!», pensó. Y anotó en su cuaderno:

«En todas las especies nacen más individuos de los que pueden sobrevivir, de modo que, en cierta manera, la naturaleza selecciona los que sobrevivirán y los que serán eliminados. Pero ¿cómo puede hacer esto?».

Había dado con la clave, la selección natural, pero aún tenía que pulir la idea. De todos modos, 1838 se cerraría con otro acontecimiento importantísimo en su vida. El 9 de noviembre se dirigió a Maer Hall para pedirle a tío Josiah la mano de su hija Emma.

—¡Por supuesto que sí! Si ella quiere, será una alegría muy grande para toda la familia.

Acto seguido se declaró a su prima hermana:

—Querida Emma, ¿desea ser mi esposa? Le prometo que la haré muy feliz. No puedo negarle que la vida a mi lado será un tanto aburrida porque dedico la mayor parte del tiempo a la investigación y al estudio, pero prometo amarlo toda la vida y hacerla muy feliz.

—Charles…, llevo años enamorada de usted. No me importa que dedique su vida a la ciencia. Es más, le prometo que no interferiré para nada en su trabajo. Lo único que le pido es que me ame siempre y que deje que yo pueda amarlo hasta el final de nuestros días.

La boda se celebró el 29 de enero de 1839. Fue una ceremonia sencilla e íntima celebrada en la pequeña iglesia de Maer. En diciembre de ese mismo año nacía su primer hijo: William Erasmus. En 1841 lo haría Annie. Pero antes, en 1839, se publicó el diario escrito por Darwin durante el viaje del *Beagle*, el tercer volumen de la narración de la expedición.

En 1840 la salud de Darwin empeoraba. En Londres se desataron unos disturbios callejeros. Cada vez se hacía más imperante la idea de cambiar de aires. En 1842 la situación en la ciudad empeoró notoriamente y el ejército tuvo que salir a la calle para acabar con los altercados. El matrimonio Darwin-Wedgwood tomó la determinación de comprarse una casa en el pueblecito de Down, a 25 kilómetros del centro de Londres, poco más de dos horas en carromato. Sin embargo, a la semana de llegar a Down la tragedia los azotó. Su tercera hija, Mary Eleanor, falleció a las tres semanas de nacer.

La vida de Darwin en Down era monótona y solo se vería alterada por el nacimiento de otros ocho hijos y por la publicación de numerosos libros, al mismo tiempo que iba profundizando, lentamente, en la elaboración de su teoría de la evolución por la selección natural. A medida que iban pasando los años iba puliendo más su teoría. Ahora ya sabía que lo que seleccionaba la naturaleza eran las variaciones que favorecían la supervivencia y que esa selección era ciega, no respondía a ningún propósito intencionado de la naturaleza. Los filósofos pueden apreciar una finalidad en la naturaleza puesta por una causa trascendente porque analizan la naturaleza desde otra perspectiva distinta a la de la ciencia; a los naturalistas, en cambio, les cuesta más encontrar una finalidad en la naturaleza porque sus métodos de investigación están más limitados, se ciñen al estudio de lo que les es dado a los sentidos.

15

LA POLÉMICA SOBRE LA TEORÍA DE LA EVOLUCIÓN

En la primavera de 1844 Darwin había completado un buen resumen de la teoría de la evolución por selección natural. Tenía entonces treinta y cinco años, pero todavía no estaba dispuesto a publicar sus opiniones sobre este tema.

—Veamos, ¿por qué no publica ya su teoría? —le preguntó su amigo Lyell.

—Todavía no la tengo suficientemente elaborada.

—Bobadas. Está muy bien explicada en ese manuscrito que me envió.

—Yo creo que no. Me gustaría fundamentarla aún más.

—Entonces nunca la acabará.

—Pero eso no es todo.

—¿Hay algo más?

—Sí. Me preocupa la opinión de mi esposa.

—¿Qué quiere decir, Darwin? ¿Es que acaso Emma es especialista en ciencia?

—No es eso. Verá…, es una mujer muy piadosa y temo que la puedan herir mis teorías.

—Bueno…, ese ya es un tema más delicado. De todas formas, sus teorías no tienen por qué ir en contra de las creencias religiosas de nadie.

—Es cierto. Son cuestiones distintas, pero la realidad es que hace muy pocos meses un autor anónimo publicó un libro sobre la transformación de las especies y, aunque no ha dicho nada nuevo sobre el tema, la reacción de la prensa y de la gente ha sido muy crispada. Sinceramente, Lyell, no creo que sea el momento.

—¿Y cuándo lo será?

—No lo sé, pero ahora no.

Los años fueron pasando y las alegrías profesionales le iban llegando una tras otra. Su diario sobre el viaje del *Beagle* tuvo mucho éxito. Fue considerado uno de los mejores libros de aventuras escrito hasta aquel momento. También publicó sus investigaciones sobre los arrecifes de coral, las orquídeas, los percebes y muchos otros temas.

Pero los momentos dramáticos también estuvieron presentes. En 1843 murió su suegro, Josiah Wedgwood, y cinco años más tarde lo hizo su padre. En 1851 falleció, a la edad de diez años, su amada hija Annie; un golpe durísimo y del que a duras penas se repondría anímicamente. Para colmo de males, su último hijo, el décimo, murió en 1858, a los dos años. De diez hijos, tres habían fallecido prematuramente.

Darwin iba desarrollando su teoría de la evolución con una parsimonia y una lentitud desesperantes para sus amigos. Pero en septiembre de 1855 se produjo un hecho inquietante.

—¡Darwin! Creo que ha llegado el momento de que publique sus ideas sobre las transformaciones de las especies —le dijo Lyell con semblante muy serio.

—Aún no las tengo suficientemente cimentadas.

—Mire, si no lo hace, no le quepa duda alguna de que alguien se le adelantará.

—¿Usted cree?

—¡Sí!

—¿Lo dice por alguna razón concreta?

—Hay un joven naturalista llamado Alfred Russel Wallace, que está trabajando en las Indias Orientales Neerlandesas; y que acaba de publicar algo que puede interesarle.

—¿Qué es?

—Se trata de un manuscrito en el que habla de la transformación de las especies. Léalo y ya me dirá qué le parece.

Darwin leyó con sumo interés el manuscrito de Wallace, pero no encontró motivos para preocuparse. Por eso escribió a Lyell diciéndole:

«No creo que sea necesario que publique mi teoría sobre la transformación de las especies. El motivo es bien simple: no he encontrado en todo el manuscrito ni una sola referencia a la selección natural de las variedades entre individuos de una misma especie como causa de su transformación. Por eso creo que aún puedo seguir buscando más pruebas a favor de mi teoría…».

Sin embargo, tres años más tarde, todo cambió de forma radical. El 18 de junio de 1858 recibió una carta de Wallace acompañada de un breve manuscrito en el que se exponía, de una forma muy simple y sintética, la teoría de la evolución por selección natural. Al leerlo, Darwin se quedó helado. Inmediatamente escribió a Lyell y le expresó sus inquietudes.

Querido amigo:

Lamento tener que informarlo de que, al final, ha tenido usted razón. Acabo de recibir una carta del señor Wallace en la que me informa sobre su teoría acerca de la transformación de las especies. No puedo negarle que me he quedado de una pieza. Me ha enviado también un manuscrito donde, en muy pocas páginas, sintetiza todas mis ideas, incluida la concepción de la selección natural como motor de las transformaciones.

Wallace me escribe pidiendo mi opinión y manifestándome su deseo de publicar el manuscrito y solicitando mi colaboración para ello. ¿Qué hago?

¡Estoy a punto de perder la prioridad sobre este tema por no haberle hecho caso! Lamento mucho no haber tenido en cuenta sus consejos y verme ahora en esta situación. Tampoco puedo actuar de forma inmoral y boicotear el escrito del señor Wallace.

¿Qué me aconseja usted que haga?

Junto a mi sincero afecto, reciba mis saludos.

Charles Darwin

En cuanto leyó la carta de Darwin, Lyell se entrevistó con Joseph Hooker para tratar de encontrar una solución al tema.

—Parece que nuestro amigo ha abierto por fin los ojos —le dijo el geólogo al botánico.

—Cierto.

—¿Y qué hacemos ahora?

—Creo que lo mejor es que aconsejemos a nuestro amigo que él escriba también una versión muy resumida de su teoría. Entonces debería escribirle a Wallace explicándole que él lleva veinte años trabajando en este tema y que hace mucho que había llegado a las mismas conclusiones.

—De hecho, tiene pruebas que demuestran que eso es cierto.

—Efectivamente.

—¿Y después qué?

—Después podríamos publicar los dos artículos conjuntamente en la Sociedad Linneana de Zoología.

—Bien, me parece una buena idea.

—Pero esto solo es el primer paso.

—¿Hay algo más?

—Claro. Luego nuestro amigo Darwin debería esforzarse para condensar todo su voluminoso material en un libro y publicarlo lo antes posible.

—¡Fantástico! ¡Es usted un genio, Hooker!

Darwin siguió el consejo de sus amigos. Wallace, un hombre honesto, comprendió que Darwin actuaba de buena fe y aceptó. Para sorpresa del naturalista de Down, el texto fue acogido con indiferencia por los expertos y pasó sin pena ni gloria.

Después de esto, Darwin se aplicó con esmero a la redacción de su libro y, por fin, el 24 de noviembre de 1859 se publicaba la primera edición de *El origen de las especies a través de la selección natural o la lucha por la existencia en la naturaleza*. Su amigo estadounidense de origen francés Asa Gray, un hombre muy religioso y especialista en botánica, fue de los primeros en felicitarlo a través de una carta.

Mi querido amigo:

Me he enterado de que, por fin, se ha decidido a publicar sus ideas en un libro. Me han informado de que ha sido todo un éxito al agotarse en un solo día los 1.250 ejemplares de su primera edición. Reciba mi más sincera felicitación y mi convicción de que esto solo es el principio de un gran éxito. Su incondicional amigo,

Asa Gray

La segunda edición también arrasó. Se agotó en muy pocos días, y eso que ya constaba de 3.000 ejemplares. En vida de Darwin se publicaron seis ediciones, revisadas por él mismo, y el libro se tradujo a numerosos idiomas. De hecho, *El origen de las especies* se convertiría en el libro científico más leído hasta aquel momento y su influencia en el campo de la biología sería muy grande a lo largo del siglo XIX y hasta nuestros días.

Sin embargo, los temores de Darwin se confirmaron y la reacción de los intelectuales y del público en general fue muy enérgica. La idea de que todas las especies provenían de otras anteriores hasta llegar a una que fuera la antecesora de todas se interpretó como algo contrario a la Biblia porque significaba que el hombre no había sido creado en su estado actual, sino que descendía de una especie animal; y no había duda de que debía de tratarse de algún primate, con lo que se sintetizó la tesis de Darwin con la frase «El hombre viene del mono». De este modo la animadversión hacia la teoría de Darwin estaba servida.

En junio de 1860 la Asociación Británica para el Avance de la Ciencia organizó su encuentro anual en Oxford. Este año el tema central giraría en torno a la teoría de la evolución de Darwin.

—Querido amigo —le dijo a Henslow—, es un honor que Oxford haya decidido debatir mis ideas, pero todos sabemos que habrá polémica y, posiblemente, alguna que otra intervención llena de acritud. En cualquier caso, mi salud no me permite ir allí para defender mis teorías.

—No se preocupe, Darwin. Yo estaré allí.

Los primeros días las sesiones habían transcurrido de forma anodina. Lo mismo estaba sucediendo el sábado 30 de junio hasta que el obispo anglicano de Oxford, Samuel Wilberforce, tomó la palabra. Había prometido demostrar la falsedad de los argumentos de Darwin y acabar así con su propuesta de que el hombre descendía de otras formas de vida inferiores. La sala estaba abarrotada de gente y todo el mundo tenía ganas de oírlo. Wilberforce era un excelente orador y durante un buen rato estuvo disertando acerca de lo que se decía en *El origen de las especies*, hasta que en un momento determinado se percató de que en la sala estaba uno de los más fervientes defensores de las ideas de Darwin: Thomas Huxley. Darwin y Huxley se habían conocido unos pocos años antes y este se había convertido bien pronto en uno de los paladines de la causa.

Wilberforce se giró hacia él y le preguntó con mucha ironía:

—Señor Huxley, ya que es usted un ferviente partidario de las doctrinas del señor Darwin, díganos si usted desciende del mono por parte de su abuelo o de su abuela.

Huxley se irritó mucho, pero antes de contestar dijo en voz baja:

—El Señor lo ha puesto en mis manos.

Y sin pensárselo dos veces dijo con voz atronadora:

—Prefiero tener a un mono por antepasado que descender de una persona que usa su talento para acabar con la cultura y que pone sus dotes de orador al servicio de los prejuicios y de las falsedades.

El clamor en la sala fue inmediato, una mujer llegó a desmayarse; todo el mundo estaba comentando lo sucedido cuando, de repente, un hombre mayor, delgado y un tanto canoso se puso en pie. Al mismo tiempo que levantaba en su mano una Biblia anglicana empezó a gritar con ira:

—Hace años que vengo advirtiendo a Darwin de que sus ideas son peligrosas. He discutido con él muchas veces durante años. Si llego a saber que acabaría diciendo estas cosas, jamás lo habría aceptado en mi barco...

Su voz se fue debilitando hasta dejar de oírse. Exhausto, se dejó caer en su silla. Entre los asistentes algunos empezaron a preguntarse quién era aquel hombre que había hablado. Decía conocer a Darwin. ¿De qué se conocerían aquellos dos hombres? Pero en la sala había algunas personas que sí lo pudieron identificar:

—Es el vicealmirante FitzRoy —se empezó a oír.

La defensa acérrima de Darwin le valió a Huxley el apodo de «el bulldog de Darwin». Después de este incidente Darwin escribió más libros, entre ellos uno que también resultaría muy polémico: *El origen del hombre*. Lo publicó en 1871 y en él sostuvo de una forma explícita que la humanidad descendía de algún tipo de primate y que las facultades espirituales del hombre, como era el caso de la inteligencia, habían ido surgiendo progresivamente. Con esto Darwin rompía de una forma explícita con la visión cristiana del hombre manifestada en el libro bíblico del Génesis, donde se dice que el hombre fue creado a imagen y semejanza de Dios. Esta opinión no solo no era compartida por las personas que tenían creencias religiosas, sino que algunos de sus amigos tampoco lo veían así. Por ejemplo, Alfred Russel, Wallace, que también había descubierto la teoría de la evolución por selección natural, opinaba que la inteligencia y la voluntad eran facultades espirituales entregadas por Dios al hombre y que no habían emergido de la materia. Entre los mejores amigos de Darwin también los había que no tenían problemas en compatibilizar sus creencias religiosas con el convencimiento de que Dios no había creado las especies fijas e inmutables. Entre esos amigos se puede citar a Henslow o a Asa Gray.

16

DARWIN Y LA RELIGIÓN

Darwin siempre se mostró contrario a manifestar en público sus opiniones acerca de la religión y las pocas veces que decidió hablar sobre ella no lo hizo con la intención de que se publicara su pensamiento.

En una ocasión, el señor J. Fordyce le preguntó:

—¿Cuál es la razón por la que no le gusta hablar de religión, señor Darwin?

—No me gusta hacerlo porque creo que la religión forma parte de las materias privadas que solo conciernen a uno mismo. Es por ello que mis opiniones acerca de la religión son una cuestión que no le importa a nadie más que a mí.

—La gente tiene la idea de que usted es ateo.

—Esa es una grave equivocación. Jamás he sido ateo. Nunca he negado la existencia de Dios. Mire, señor Fordyce, para serle sincero, nunca he abrazado el ateísmo, ni siquiera en mis momentos de mayores dudas.

Como buen científico que era, Darwin comprendía que para hablar con conocimiento de causa acerca de un tema se tenía que ser un buen experto y él admitía que no dominaba los razonamientos que se usaban en teología y en filosofía para demostrar la existencia de Dios.

Durante décadas su pensamiento se había ejercitado en un plano estrictamente científico, de modo que reconocía que no estaba acostumbrado a seguir argumentaciones metafísicas.

—Aunque usted sea científico, la gente quiere saber qué opina en materia de religión —le dijo el señor Graham.

—Puede que sí, pero no tengo ninguna práctica en el razonamiento abstracto y puedo estar equivocado.

—Pero... ¿y si advierte que solo son opiniones? —le sugirió el doctor Abbott.

—No me parece correcto. Lo cierto es que no me siento inclinado a pronunciarme públicamente sobre temas religiosos.

—Pero somos muchas las personas interesadas en conocer sus opiniones sobre esta cuestión —insistió Abbott.

—Ya lo sé. Recibo muchas cartas pidiéndome que me defina, pero créame, doctor, no he meditado con suficiente profundidad mis creencias, al menos no hasta el punto de poder divulgarlas con unos argumentos sólidos detrás.

—Bueno, pues hágalo, fundaméntelas.

—No es tan fácil, Abbott. Para empezar, mi salud es muy débil... A causa de esta debilidad y de que mi cabeza está a menudo aturdida, no me encuentro capacitado para dominar nuevos temas que requieran mucha meditación, y solo puedo ocuparme de antiguos materiales... Por lo demás, nunca he meditado demasiado de una forma sistemática sobre la relación entre la religión y la ciencia, ni sobre la relación de la moral con la sociedad. Y para escribir algo digno debería concentrar mi mente en estas cuestiones durante largo tiempo, algo para lo cual no me siento preparado.

En marzo de 1873 un estudiante holandés le escribió pidiendo su opinión en materia de religión. El 2 de abril del mismo año Darwin le contestó:

Apreciado señor:
Reconozco que el orden observado en la naturaleza me hace pensar en la existencia de Dios, pero he de manifestar también mi incapacidad para admitir la validez de este argumento: puedo decir que la imposibilidad de concebir que este grandioso y maravilloso universo, con estos seres conscientes que somos nosotros, se origine por azar me parece el principal argumento en favor de la existencia de Dios; pero nunca he sido capaz de concluir si este argumento es realmente válido. Esa es una tarea que queda en manos de los filósofos. Nosotros, los científicos, no tenemos las herramientas para poder dilucidar esta cuestión.

A nadie se le escapaban las implicaciones que tenía para la religión anglicana, tal como se entendía en aquellos momentos, la teoría de la evolución de Darwin.

—¿Es usted plenamente consciente de que ya no necesitamos a Dios para explicar el origen de los seres vivientes actuales, incluido el hombre? —le preguntó a Darwin de forma retórica su combativo amigo Thomas Henry Huxley.

—Lo que creo es que no hay que obligar a decir a mi teoría más de lo que realmente dice.

—¿A qué se refiere?

—Es cierto que mi teoría sostiene que no es necesario afirmar que Dios ha creado cada una de las especies vivientes actuales de una forma directa y fija, sino que se han originado por transformación de otras que existieron antes y que este proceso se ha llevado a cabo de un modo natural y fortuito. Pero yo no afirmo que no exista Dios, ni tampoco digo que no haya creado el universo y la Tierra y que no haya sido él quien haya dispuesto la aparición de la vida en nuestro planeta. Mi teoría no llega hasta ese extremo porque no tengo pruebas de nada en contra de ello.

—Pero si Dios no crea las especies vivientes, ¿para qué lo necesitamos ya?

—Mi querido amigo Thomas… Yo no hablo de Dios, ni a favor, ni en contra. Con mi teoría lo único que pretendo afirmar es que las especies actuales tienen un origen natural y no son el producto de un acto de creación directa. Simplemente eso. ¿Dios? Todo el mundo quiere que me pronuncie sobre él, pero yo no tengo los conocimientos necesarios para hablar sobre Dios. Soy un naturalista, no un filósofo ni un teólogo.

—Muy bien. De acuerdo. Pero contésteme a una cosa. Si no lo entiendo mal, usted acepta que, en última instancia, Dios podría ser la causa lejana de todo. ¿Es así?

—Sí, podría ser. No lo sé con certeza, pero no se puede descartar.

—Bien. Pues en tal caso dígame cuál fue la causa de que exista Dios.

—Tampoco lo sé, Thomas. Ya le he dicho que no soy un filósofo. Yo también tengo mis dudas, pero no son fruto de mi ciencia. Cuando pienso en Dios no encuentro argumentos para creer en su existencia, pero tampoco los encuentro para negarla.

—¿Sabe lo que es usted, señor Darwin?

—¿Qué soy, Thomas?

—Usted es un agnóstico.

—¿Y eso qué es?

—Es una palabra que yo utilizo para definir a las personas que no creen firmemente en la existencia de Dios, pero que tampoco se atreven a ser ateos.

—Pues entonces es cierto. Soy un agnóstico. De todos modos, le confieso que hay veces que me parece imposible que el universo en general y el hombre en particular sean un mero fruto del azar. En esos momentos reconozco que el misterio del principio de todas las cosas se me aparece como algo insondable para nosotros, creo que la imposibilidad de nuestra mente para aclarar ese misterio es lo que usted llama agnosticismo.

—Pero dígame una cosa, Darwin. Supongamos que existe un dios creador. Entonces ¿por qué hay tanto mal en el mundo?

—Eso es, justamente, lo que me impide ser creyente.

Darwin dijo en numerosas ocasiones que él no era un especialista en cuestiones metafísicas, ni teológicas, por lo que no había estudiado temas como el del mal en el mundo, de modo que desconocía qué habían dicho otros grandes pensadores, como Agustín de Hipona o Tomás de Aquino, al respecto. Darwin se limitaba a constatar que había cosas que en apariencia su mente veía incompatibles con la existencia de un dios perfectamente bueno y omnipotente, pero que no sabía con certeza si esa incompatibilidad era real o solo fruto de su desconocimiento de la materia. En cualquier caso, su edad, su enfermedad y su trabajo le impedían ponerse a estudiar esos temas filosóficos para intentar hallar una respuesta fundamentada racionalmente. De ahí que se declarara personalmente agnóstico.

—Mi querido Thomas, he de decirle que, en mi modesta opinión, y ya sabe que no soy un experto, todos esos temas están más allá del alcance del intelecto humano.

En líneas generales puede decirse que, en materia de religión, Darwin habría evolucionado desde una postura teísta en la que aceptaba literalmente todo el contenido de la revelación tal como la presentaba la Iglesia anglicana, hasta el punto de haberse preparado para ser pastor, hacia una posición en la que rechazaría el valor de la religión revelada. Sin embargo, nunca aceptó que se lo considerara ateo y prefería definirse como agnóstico.

Su esposa Emma, que era una mujer muy piadosa, estaba preocupada por ese agnosticismo en el que se iba adentrando Darwin. Su inquietud llegó hasta el extremo de escribirle en una ocasión diciéndole que esperaba que su espíritu científico lo llevara a no cometer errores, a ser objetivo y a no aceptar hipótesis que no están firmemente aceptadas como verdades. Le pedía prudencia y que se esforzara en buscar la verdad, rogándole que no rechazara la fe en la que había sido educado. Darwin no guardaba las cartas, las quemaba en la chimenea. Sin embargo, esta la conservó, y no solo eso, sino que al final de la misma escribió:

«Cuando esté muerto sabrás que muchas veces besé estas palabras y lloré sobre ellas».

17

LOS ÚLTIMOS AÑOS DE DARWIN

Después de la publicación de *El origen de las especies*, la salud de Darwin se fue deteriorando progresivamente. No se hizo cargo personalmente de la defensa de sus tesis, tarea que corrió a cuenta de sus principales amigos (Lyell, Hooker, Gray y Huxley), y permaneció en un discreto segundo plano velando por su teoría. El exceso de trabajo que se había impuesto a sí mismo lo iba consumiendo lentamente. Entretanto, su esposa Emma lo cuidaba amorosamente.

—Creo que trabajas demasiado, Charles. Tu salud se resiente.

—Es cierto. Últimamente me encuentro peor.

—Deberías tomarte una temporada de descanso.

—Puede que tengas razón.

—Me parece que es hora de que volvamos nuevamente al balneario del doctor Gully para que retomes tus tratamientos de aguas.

—Creo que sí lo necesito.

—Me encargaré de disponerlo todo.

El sanatorio en cuestión estaba en Malvern y Darwin pasaba allí algunas temporadas intentando reponerse de su maltrecha salud. Pero Darwin era, ante todo, un trabajador infatigable, de modo que en 1862 publicó un nuevo libro. Después del revuelo levantado tres años antes por *El origen de las especies*, este nuevo texto parecía mucho más inocente, ya que trataba sobre las distintas estrategias que tienen las orquídeas para ser fecundadas por los insectos, y no parecía abordar la teoría de la evolución. Pero, en realidad, lo que Darwin pretendía mostrar con este libro era que su teoría se podía aplicar incluso a esa clase de plantas.

En 1866 recibió la medalla de Copley, la más alta distinción de la Royal Society, la principal sociedad científica inglesa. Dos años más tarde fallecieron sus hermanas Catherine y Susan. Antes de acabar la década de los sesenta publicó un par de libros más. 1871 es el año en el que Darwin decide azuzar nuevamente el fuego de la polémica y publica su segundo libro más famoso: *El origen del hombre.*

—Para no gustarle las revoluciones ha sido muy explícito en este libro —le comentó a Darwin su amigo Huxley.

—Creo que ha llegado el momento de decir las cosas claras —repuso el naturalista.

Y es que en este libro Darwin afirmaba que todas las cualidades consideradas hasta entonces como exclusivamente humanas, tales como la inteligencia, el lenguaje o la moral, también habían surgido gradualmente por selección natural. Eso significaba que la diferencia entre el hombre y los animales era solo cuantitativa y no cualitativa. Al año siguiente publicó *La expresión de las emociones en el hombre y los animales*, donde insistía en esa misma idea. Fue precisamente en este punto donde tuvo las mayores discrepancias con su buen amigo Alfred Russel Wallace.

—Yo creo que exagera el papel que desempeña la selección natural —sostenía Wallace—. No hay duda de que es importante, pero no todo en la naturaleza puede ser fruto de la selección natural. En mi opinión las cualidades propiamente humanas han sido creadas por Dios.

—Respeto su opinión, pero yo pienso que surgen gradualmente a partir de las facultades mentales que tienen los animales superiores, como pueden ser los primates —estimaba Darwin.

—Pues yo no veo cómo se puede pasar de las limitadas cualidades mentales de un chimpancé a la asombrosa inteligencia humana.

—A lo largo de un proceso de millones de años.

—No lo veo tan claro. Además, hay que tener en cuenta que el chimpancé y el hombre habrían evolucionado a partir de un antepasado común todavía mentalmente más primitivo que los chimpancés.

—En efecto, eso es lo que sostengo —y entonces Darwin le hizo una petición sorprendente a Wallace—, pero le rogaría que no mate a nuestro hijo en común —refiriéndose a la selección natural.

—No es que rechace nuestra teoría, pero no la veo nada clara cuando la aplicamos al hombre —contestó firmemente Wallace.

—¿Qué es lo que está insinuando?

—Dos cosas. La primera, ¿por qué nosotros somos tan inteligentes y los chimpancés se han quedado tan atrás en este aspecto evolutivo?

—Quizá porque para sobrevivir ya tengan suficiente con la inteligencia que tienen.

—No me convence. Entre otras cosas porque nosotros tenemos una inteligencia mucho más desarrollada de lo que sería necesario para sobrevivir.

—Eso es verdad.

—Y la segunda cuestión es que, de ser cierto que nuestras cualidades mentales surgen de los animales superiores, serían necesarios muchos millones de años para que se hubiera podido dar ese proceso, y la Tierra no parece tener tantos millones de años.

—He de confesar, señor Wallace, que esta cuestión me atormenta de un modo especial. Mucho más que el hecho de que en el registro fósil no aparezcan las formas intermedias que exige mi teoría. No creo que esta cuestión sea demasiado problemática porque se debe a que todavía se ha excavado muy poco. Sin duda, en el futuro aparecerán. Pero el tiempo que necesita la evolución para que pueda actuar la selección natural…, eso es otra cosa, y le aseguro que no me deja dormir. Creo que nuestra teoría puede caer por ahí.

Efectivamente. Después de la publicación de *El origen de las especies,* el número de geólogos que opinaban que la Tierra debía de tener cientos de millones de años iba en aumento. Pero muy pronto se hizo evidente que la evolución necesitaba mucho más tiempo, quizá varios miles de millones de años, para que pudiera actuar la selección natural. En este contexto, lord Kelvin, el físico más famoso y con mayor prestigio de la segunda mitad del siglo XIX, sostenía que había hecho cálculos que arrojaban una edad máxima de 400 millones de años para la Tierra, pero que muy bien podría ser de 20 millones de años. Esos datos desanimaron a Darwin y a sus seguidores, por venir de alguien tan digno de tener en cuenta como era lord Kelvin. La influencia que tuvo sobre Darwin fue tan grande que los últimos años de su vida llegó a perder parte de su fe en la selección natural como motor de la evolución y se acercó más a las posturas de Lamarck, ya que la transmisión de los caracteres adquiridos no requería periodos de tiempo tan largos.

Fue un error por parte de Darwin, pero no podía hacer mucho más, ya que la alternativa habría sido una fe ciega en su teoría. No obstante, lo cierto es que décadas después de la muerte de Darwin se fue sabiendo que la Tierra no tenía unos cuantos centenares de millones de años, sino miles de millones. Hoy se cree que tiene una antigüedad que ronda los 4.500 millones de años.

El otro gran déficit que tenía la teoría de la evolución por selección natural era que Darwin no sabía cómo se transmitían de una generación a otra las variaciones que iban apareciendo. En este sentido resultaría decisivo el trabajo del monje austriaco George Mendel, que descubrió las leyes fundamentales de la herencia genética investigando con guisantes en el monasterio de Brno, en la actual República Checa. Publicó el resultado de sus investigaciones en 1865 en una revista poco conocida y no se redescubrieron hasta 1900. Para entonces Darwin había muerto hacía 18 años.

Durante la década de los años setenta del siglo XIX, Darwin todavía publicó varios libros. El último fue un extenso trabajo sobre las lombrices. La muerte de su hermano en 1881 supuso un duro golpe para el científico inglés. Darwin estaba cada vez más enfermo y el miércoles 19 de abril de 1882, a la edad de setenta y tres años, falleció.

—¿Dónde lo enterraremos, mamá? ¿En Down o en Shrewsbury? —preguntó Francis, el hijo que había sido secretario de Charles Darwin durante sus últimos ocho años de vida, el mismo que redactó la autobiografía del insigne naturalista tomando nota de lo que le iba dictando su padre.

—En Down, hijo mío; y con mucha sencillez, tal como quería tu padre.

Pero algunas personas del entorno de Darwin solicitaron que se lo enterrara con honores en Westminster. A petición formal de veinte parlamentarios, el abad aceptó, y a Darwin se le tributó un funeral de Estado con todos los honores. Para un inglés difunto el mayor honor posible es ser enterrado en la abadía de Westminster; allí descansan los restos mortales de algunos reyes y de las personalidades más insignes del país. Emma aceptó y el 26 de abril el féretro de su marido fue llevado a hombros por sus amigos más cercanos (Joseph Hooker, Thomas H. Huxley, Alfred R. Wallace) y por otras personalidades como el embajador de Estados Unidos o el presidente de la Royal Society. El féretro fue depositado en el panteón de los hombres ilustres, junto al de Isaac Newton.

18

EPÍLOGO

Cuando se cumple el bicentenario de su nacimiento y el 150 aniversario de la publicación de la primera edición de *El origen de las especies* se puede afirmar que el legado de este científico ha llegado hasta nuestros días sin dejar indiferente a nadie. Es cierto que Darwin no fue el primero en proponer la idea de la evolución, pero sí fue quien la consolidó y la fundamentó. En la actualidad toda la biología se entiende desde la perspectiva de la evolución, aunque los científicos aún discuten si la selección natural puede explicar todos los cambios en los seres vivos o si hay ámbitos de la biología en las que la selección natural no es el motor principal de las transformaciones. Sus ideas despiertan pasiones encontradas, pero, en cualquier caso, Darwin será siempre uno de los gigantes a cuyos hombros cabalga la ciencia.

BIBLIOGRAFÍA

Burkhardt, Frederick. *Cartas de Darwin* (1825-1859). Cambridge: Cambridge University Press, 1999.

Darwin, Charles. *Diario del viaje de un naturalista alrededor del mundo.* Madrid: Espasa Calpe, 2003.

Moorhead, Allan. *Darwin y el Beagle.* Barcelona: Ediciones del Aguazul, 2002.

Muñoz Puelles, Vicente. *El viaje de la evolución.* Madrid: Anaya, 2007.

ÍNDICE

CHARLES
DARWIN
EVOLUCIÓN
Y VIDA

¿QUIÉN ERA CHARLES DARWIN?

Charles Darwin

A la izquierda, retrato del padre de Darwin, Robert Waring Darwin, que era un médico de prestigio. La imagen superior es la única que se conserva de la madre de Darwin: Susannah Wedgwood está montando a caballo con su hermano Josiah, segundo empezando por la derecha. Años más tarde, Josiah Wedgwood II convencería al padre de Darwin para que le dejara emprender el viaje en el *Beagle*. A la derecha, los abuelos de Darwin, Josiah y Sarah, junto a ellos, su tío John. A la izquierda de su madre, sus tías Catherine, Sarah y MaryAnne. Montado a caballo, su tío Thomas. La familia Wedgwood era propietaria de una importante fábrica de cerámica inglesa.

Robert Waring Darwin

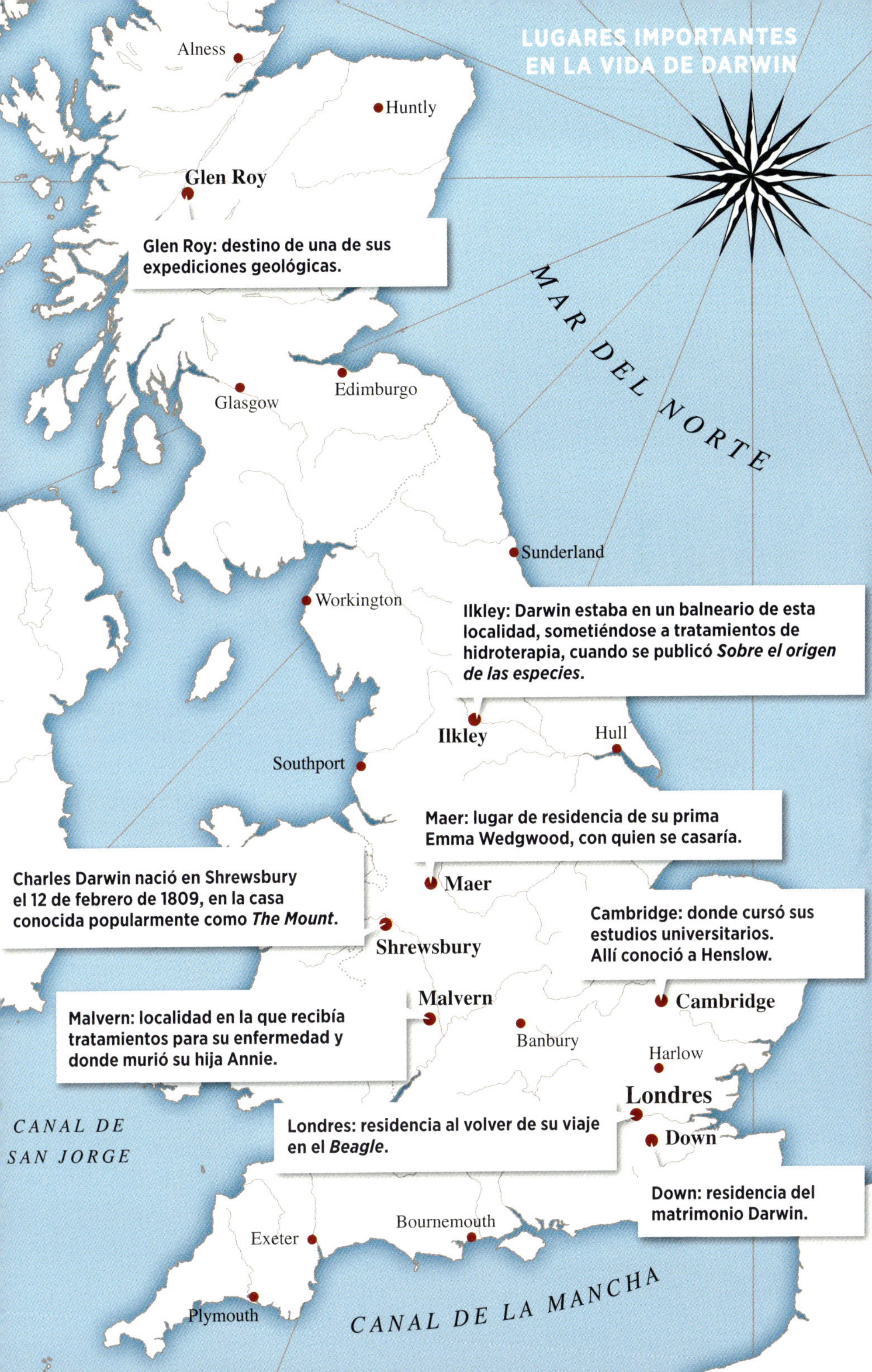
LUGARES IMPORTANTES EN LA VIDA DE DARWIN
Alness
Huntly
Glen Roy
Glen Roy: destino de una de sus expediciones geológicas.
MAR DEL NORTE
Edimburgo
Glasgow
Sunderland
Workington
Ilkley: Darwin estaba en un balneario de esta localidad, sometiéndose a tratamientos de hidroterapia, cuando se publicó *Sobre el origen de las especies*.
Ilkley
Hull
Southport
Maer: lugar de residencia de su prima Emma Wedgwood, con quien se casaría.
Charles Darwin nació en Shrewsbury el 12 de febrero de 1809, en la casa conocida popularmente como *The Mount*.
Maer
Shrewsbury
Cambridge: donde cursó sus estudios universitarios. Allí conoció a Henslow.
Malvern
Malvern: localidad en la que recibía tratamientos para su enfermedad y donde murió su hija Annie.
Cambridge
Banbury
Harlow
Londres
CANAL DE SAN JORGE
Londres: residencia al volver de su viaje en el *Beagle*.
Down
Down: residencia del matrimonio Darwin.
Bournemouth
Exeter
Plymouth
CANAL DE LA MANCHA

EL VIAJE EN EL *BEAGLE*

El *H.M.S. Beagle* estaba bajo el mando del capitán Robert Fitz Roy. Pese a que entablaron una buena amistad, Darwin y el capitán acabarían alejándose por causa de sus distintos puntos de vista sobre la esclavitud y la religión.

DISTRIBUCIÓN DE LAS DEPENDENCIAS DEL *BEAGLE*

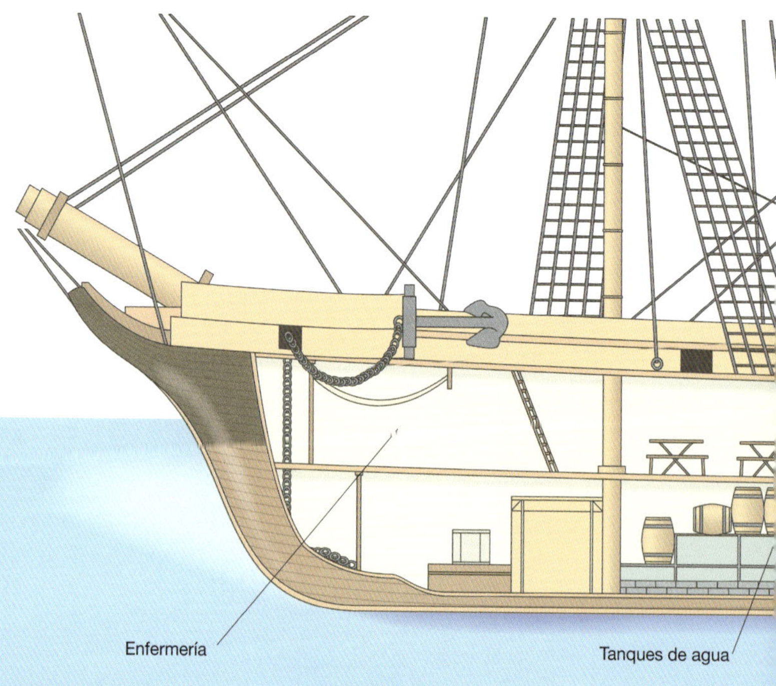

Drawing by S. L. Margolies

H.M.S. Beagle

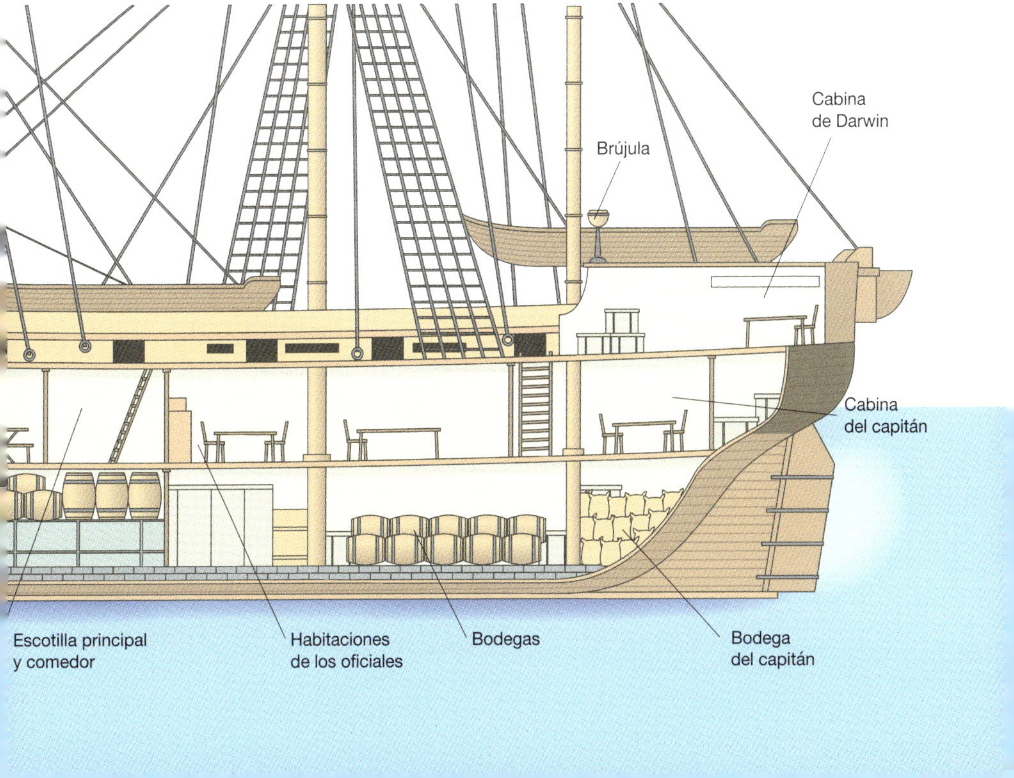

Cabina
de Darwin

Brújula

Cabina
del capitán

Escotilla principal
y comedor

Habitaciones
de los oficiales

Bodegas

Bodega
del capitán

ITINERARIO DEL VIAJE DEL *BEAGLE*

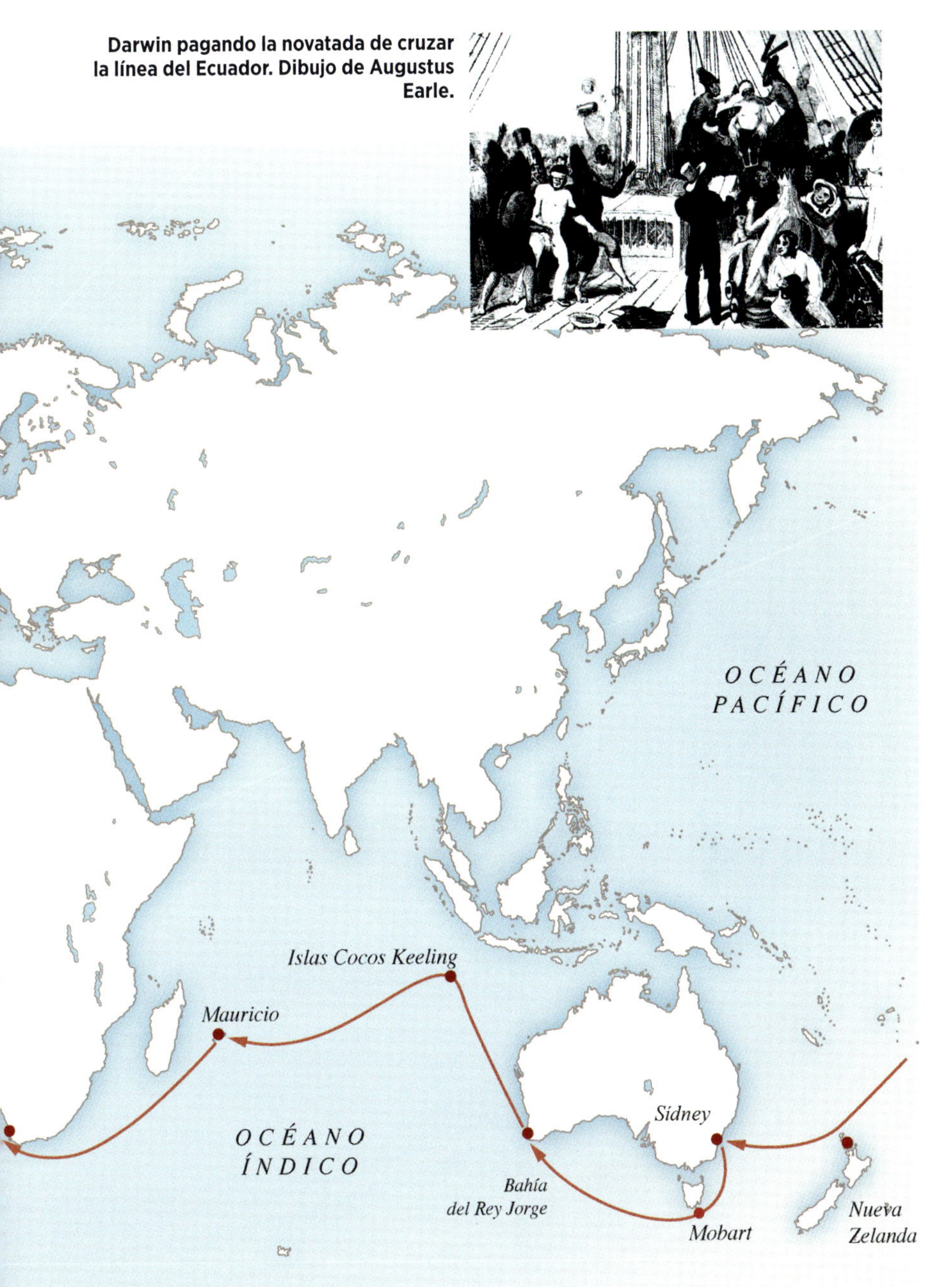

Darwin pagando la novatada de cruzar la línea del Ecuador. Dibujo de Augustus Earle.

LAS ESTANCIAS DE DARWIN

EN BRASIL

Río de Janeiro. El Cristo Redentor sobre el Corcovado. Al fondo, el Pão de Açúcar.

Rua de São Clemente, en el barrio de Botafogo (Río de Janeiro). Darwin vivió muy cerca de esta calle con su amigo Augustus Earle.

EN TIERRA DEL FUEGO

Arriba, el *H.M.S Beagle* en el estrecho de Magallanes, con el monte Sarmiento detrás, mientras es observado por unos fueguinos desde una canoa.

Jemmy Button antes y después de haber sido educado por el capitán FitzRoy. Al lado, la imagen de York Minster.

EL PERIODO EN LAS ISLAS GALÁPAGOS

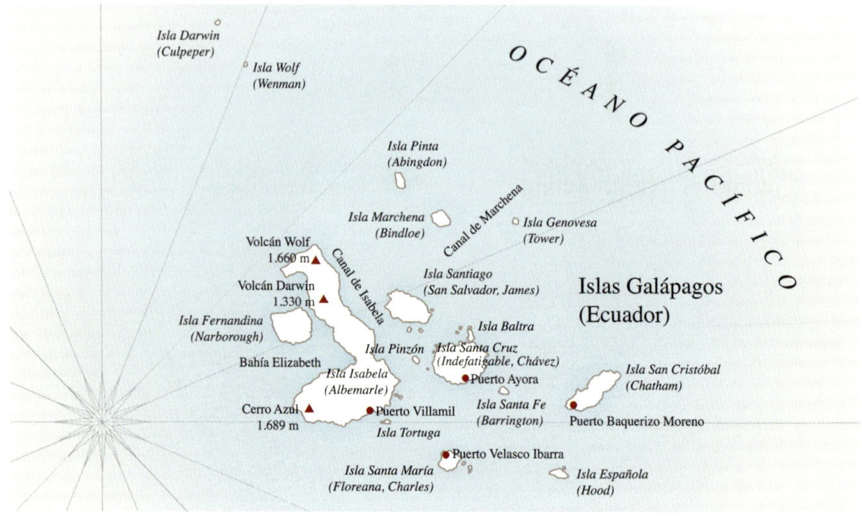

La estancia en las islas Galápagos sería decisiva para Darwin en el desarrollo futuro de su teoría de la evolución a través de la selección natural: las variaciones producidas al azar en la herencia con modificación.

Islas Galápagos

El pico de los pinzones le brindó una pista de cómo la adaptación al medio podía hacer que unas especies se transformaran en otras.

LA VIDA EN DOWN HOUSE

Después de casarse con su prima Emma Wedgwood en la iglesia de St. Peter en Maer, se instalaron en Londres; al poco tiempo se trasladaron al número 12 de la calle Upper Gower, conocida como Macaw Cottage, y pocos años después se fueron a Down, una localidad cercana a la capital, donde Darwin pudo encontrar la calma que necesitaba para trabajar intensamente.

Down House, hogar de los Darwin, a 25 km al sur de Londres.

Invernadero en el que trabajaba Darwin. Aquí cultivó las orquídeas sobre las que publicó un voluminoso libro.

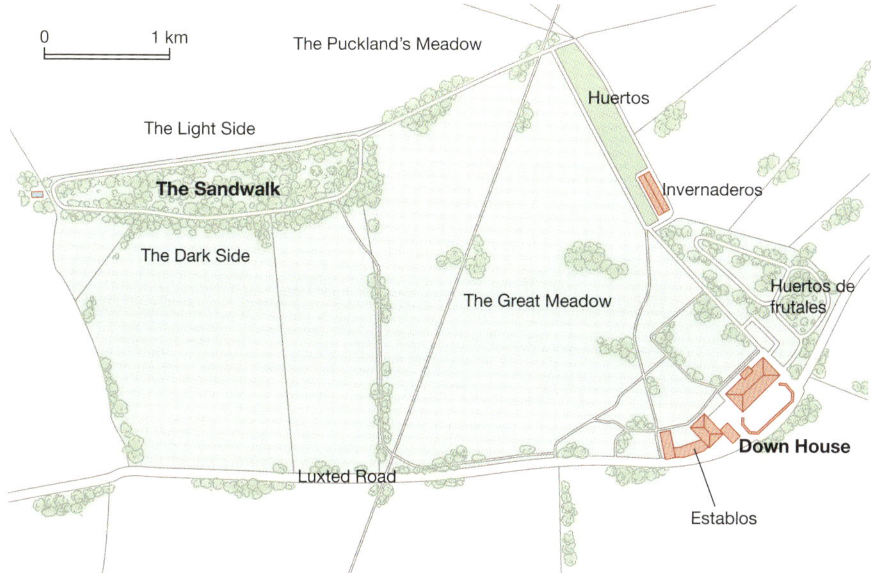

Mapa de Down House. A Darwin le gustaba dar largos paseos por sus tierras. La situación económica de los Darwin era desahogada, lo que le permitía dedicarse por entero a la investigación y a la publicación de trabajos científicos.

El estudio donde trabajaba Darwin en Down House. Hoy su casa es un museo.

CRONOLOGÍA

1809 12 de febrero, nacimiento de Darwin.

1828-1831 Estudios de Teología en Cambridge. Establece una gran amistad con Henslow y Sedgwick, entre otros.

1831-1836 Del 27 de diciembre de 1831 al 2 de octubre de 1836 da la vuelta al mundo en el *H. M. S. Beagle*. Vivirá hechos inolvidables y adquirirá gran experiencia como naturalista. A su regreso su prestigio como científico no dejará de ir en aumento.

1837 El 6 de marzo Darwin traslada su domicilio a Londres. Concibe la idea de que las especies se transforman unas en otras.

1838 Octubre: la lectura del libro de Malthus *Un ensayo sobre la ley de la población*, sería decisiva para su concepción de la idea de la selección natural como motor de la evolución.

1839 29 de enero, boda de Darwin en Maer con su prima hermana Emma Wedgwood. Publicación del diario del viaje, titulado *Viaje de un naturalista alrededor del mundo*.

1840 Su salud empieza a deteriorarse. A día de hoy, su enfermedad sigue siendo un misterio.

1841 14 de septiembre, traslado a la casa de Down.

1844 Primavera. Darwin tiene completado un resumen de su teoría de la evolución por selección natural de las variaciones producidas aleatoriamente en la herencia con modificación.

1854 Conoce a Thomas Henry Huxley, el más enérgico defensor de su teoría de la evolución.

1855 Wallace publica un artículo sobre evolución titulado *Sobre la ley que ha regulado la aparición de nuevas especies*. Darwin no ve en él ningún elemento que pueda anticipar sus ideas, pero sus amigos lo instan a que exponga sus teorías antes de que se le adelanten.

1858 Recibe una carta de Wallace acompañada de un manuscrito en el que se expone la teoría de la evolución por selección natural. Darwin se queda helado, su remisión durante décadas a publicar su idea desemboca en la evidencia de que se le han adelantado. Cortésmente Wallace accede a publicar su manuscrito junto a un artículo de Darwin.

1859 24 de noviembre; publicación de la primera edición (1.250 ejemplares) de *Sobre el origen de las especies*. Se agota el mismo día de su aparición.

1862-1881 Periodo en el que publica numerosas obras sobre temas tales como las orquídeas, un ataque contra los partidarios del diseño inteligente (1862); *La variación de los animales y de las plantas en domesticidad*, con el que pretendía cubrir las dos lagunas principales de *El origen de las especies*: el origen de las variaciones y el mecanismo de la herencia (1868); *El origen del hombre y la selección sexual* (1871); *La expresión de las emociones en el hombre y en los animales* (1872). El ritmo de publicaciones sigue imparable. El último libro que publicó fue sobre las lombrices (1881), siempre buscando datos a favor de su teoría.

1882 19 de abril: Darwin fallece en Down. El 26 recibe sepultura solemnemente en la abadía de Westminster.

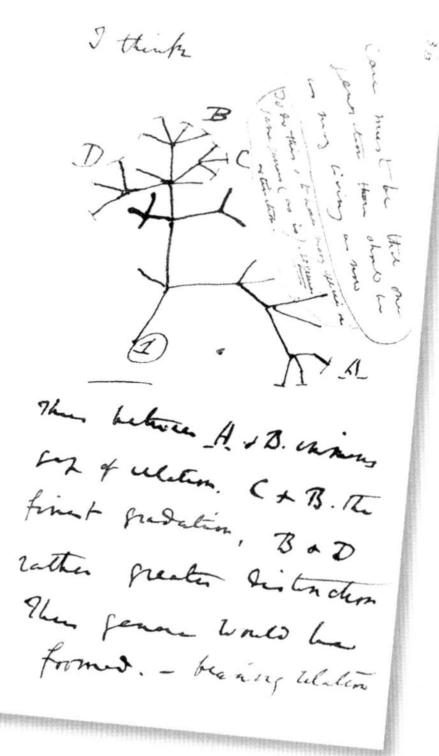

LA RELACIÓN CON OTROS CIENTÍFICOS

A su regreso a Gran Bretaña, Darwin tenía gran reputación como geólogo. Charles Lyell, por quien Darwin sentía gran admiración, tuvo interés en conocerlo. Entre ambos se estableció una sincera amistad que duraría hasta la muerte de Lyell. Durante su viaje en el *Beagle* Darwin no solo pudo comprobar algunas de las teorías de Lyell, sino que también pudo dar cuenta de algunos fenómenos no explicados por el eminente geólogo.

Alfred Russel Wallace fue codescubridor con Darwin de la teoría de la selección natural de las variaciones producidas aleatoriamente en la descendencia y que resultaban favorables para la supervivencia o la reproducción. Ambos discrepaban sobre el origen de las facultades mentales humanas. Para Darwin procedían de la evolución de la materia, para el segundo eran de origen trascendente.

Thomas H. Huxley fue llamado «el bulldog de Darwin» por ser el más combativo de los defensores de la teoría de la evolución darwiniana.